文 化 地 理 书 系

道汇长安 / 秦岭古道文化地理之旅

高从宜　王建林　王肖苓　胡　梵　著

西北大学出版社

图书在版编目（CIP）数据

道汇长安·秦岭古道文化地理之旅 / 高从宜等著. —西安：西北大学出版社，2010.8
（秦岭文化地理书系）

ISBN 978-7-5604-2819-2

Ⅰ.道… Ⅱ.①高… Ⅲ.①秦岭—古道—概况 Ⅳ.①K928.6

中国版本图书馆CIP数据核字（2010）第168925号

◉ 秦岭文化地理书系

道汇长安·秦岭古道文化地理之旅

作　　者：高从宜　王健林　王肖苓　胡　梵　著
出版发行：西北大学出版社
地　　址：西安市太白北路229号
邮　　编：710069
电　　话：029-88302590　88303593
经　　销：新华书店
印　　装：陕西向阳印务有限公司
开　　本：740毫米×1040毫米　1/16
印　　张：13.5
版　　次：2010年10月第1版
印　　次：2012年5月第3次印刷
字　　数：195千
插　　图：79幅
书　　号：ISBN 978-7-5604-2819-2
定　　价：29.00元

秦岭

褒斜栈道

汉中石门栈道

天路

商山血脉

总 序

　　秦岭横亘在历史与文明的眼眸下，呈现出大气磅礴与悠然浩远的自然巍峨。历史的背影诚然不断走远，百代的情怀却镌刻在远山与近石上，与日日常新的溪水细数着点点浪花、片片落红，与高天的白云寄心以处，与横断的雾岚朝夕依偎，与无边的林涛神会明天。历史如同一个奥秘的微笑，秦岭的文化地理被出落成一幅美丽的文明画卷。

　　两千多年之前，《诗经·小雅》的"节彼南山，维石岩岩"，与《庄子·在宥》中的黄帝崆峒山问道，就分别以诗的抒情与道的哲理方式标划了秦岭在华夏精神中的经典地位。貌似怪诞的《山海经》不啻是最早的山水神学。征圣入典的《论语》，也以"仁者乐山，智者乐水"，最早明确了山水与人文的关系原理。至于《老子》深沉的楼观问道，《圣经》遥远的"山上圣训"，以及今日华夏遍见的"观音山"，不仅绽露了"山水"的人文视野，而且直接敞露了山水对于人文的"智"与"圣"的本体境界。

　　因而，对山水的一般性描绘——例如秦岭的文化地理蕴涵，可以划分为三个方面或层面：①山水的地质性相、地望轮廓与天然形胜，是为自然地理视阈；②山水的历史沧桑、社会巨迁与人文踪影，是为人文地理视阈；③山水

的宗教缘起、本体关切与天道启示，是为宗教地理视阈。当下的现实情况是，就历史传统看，一方面是"天下名山僧占多"，神性地理，高古深存；一方面是或雄浑或淡远的文人山水画，琳琅满目，自成体格。就目前的文化景观言，则是在中国之门与世界之门均已大开的背景下，受欧美发达国家文化制品的影响，"拿来主义""快餐消费""移植克隆"层出不穷，出现了在《美国国家地理》支配影响下的《中国国家地理》《华夏地理》《人文地理》等刊物。这些期刊书籍的图像直观大于文字阐释，自然景貌大于人文陈述，神性地理基本阙如，已经遇到市场、人心的双重挑战。

秦岭是我们陕西人的骄傲，被盛赞为中国的"中央公园"。秦岭是国家地理的南北分界线。秦岭之北的水系汇入黄河，其南则汇入长江，因而秦岭又被称为"父亲山"。秦岭是我们中华民族顶天立地的脊梁，也是华夏文明的摇篮。秦岭终南山，2009 年 8 月已经成功"入世"（入选世界地质公园），欣慰振奋之余，也让三秦儿女感受到一份沉甸甸的责任。特别是，秦岭在"神性地理"层面的文化积累与思想资源，堪称得天独厚。老子讲经的楼观台，作为《道德经》诞生地，可与基督教的加尔瓦略山、佛教的灵鹫山媲美。秦岭的山岳真谛，先辈早有敞出："山之诸功德以高广，乘云之道德，必由山通达。顺风之妙功，定由山通脱。"

有鉴于此，我们在充分研究的基础上，整体推出《秦岭文化地理书系》一套四册，内容结构如下：

1.《神秀终南——秦岭北麓 72 峪撷胜》

2.《道汇长安——秦岭古道文化地理之旅》

3.《天宝物华——秦岭自然地理概览》

4.《终南幽境——秦岭人文地理与宗教》

这套丛书除内容自身的规定性外，兼含纵横概括之冀。显而易见的是，前两册是从专题语境出发，后两册是从学科体例着眼。《神秀终南》《道汇长安》分别以秦岭北麓 72 峪和秦岭古道文化地理为专题，力图从东西横向与南北纵向的交叉配合结构，对秦岭文化地理进行一种全景描述。自然地理、人文地理乃至宗教地理相关内容熔铸一炉，交相辉映；东西横向的峪谷幽境，南北纵向的古道胜景——秦岭文化地理的一种全景式表现，是这两书的意旨。

《天宝物华》《终南幽境》，是从秦岭的自然地理、人文地理包括宗教地理的学科体例与相关内容着眼的选题。自然地理和人文地理既是地理学的传统经典科目，又日新月异、成果斐然，兹不多言。需要说明的，应该是秦岭宗教蕴涵在人文地理概念中的强调突出。这的确是本书系内容的一个特点，也是一个难点。其理据有二：其一，从《舜典》的"肆类于上帝……望于山川"到《史记》的黄帝禅让，地理的信仰精神与宗教维度乃斑斑可考，丰厚隐存；其二，不说佛教之南五台、观音山，单说道教的楼观台、太白山与华山，历史传统上已是宗教圣地，应归于"神性地理学"，道理可谓明白不过。

书系在内容风格上，努力做到自然与人文兼备，描述与抒情相融：朱鹮大熊猫，脐鳞华山松；炊烟村落，帝陵宗庙；李杜诗韵，老庄道风，应有皆有，尽收视野。语言意境上，总则取自然审美立场。鉴于书系的自然审美与文化综合取向，一般性的文献内容，有些未予明注。以书会友，以友助道；大道天下为公。希望《秦岭文化地理书系》能够成为大家的交流平台，成为同行的相契事业，成为读者朋友的心灵喜宴。祈盼大家的支持喜爱，欢迎大家的批评指正。

高从宜

2009 年秋于西安寓所

目　录

第一章　秦岭古道通议

第二章　秦蜀古道鸟瞰

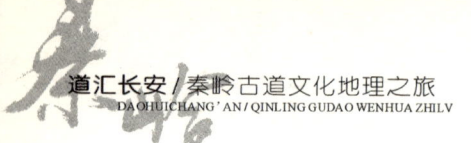

道汇长安／秦岭古道文化地理之旅

第一章／秦岭古道通议

1 秦岭古道尽沧桑

　　作为秦岭古道的开辟者,周文王在《易经·系辞》有言:"一阴一阳之谓道……百姓日用而不识,故君子之道鲜矣。"的确"百姓日用"和"君子道鲜"的"阴阳"二重性,就是秦岭古道的最大特征!一方面,人们天天走路,火车日日上道,秦岭古道是多么直观而分明。另一方面,城市需要问路,深山更得寻道。李白有一唱三叹、云飞九天的《蜀道难》,杜甫有《秦州杂诗》(四)"万方声一概,吾道竟何之"的古道哀问,几十年家居辋川的王维,其名作《终南山》的结语也是浅斟低回、一派迷惘:"欲投人宿处,隔水问樵夫"。秦岭古道又显得是天云蔽日,禹迹难寻,亘古苍茫。出家终南山的贾岛吟道:"一山未了一山迎,百里都无半里平。宜是老禅遥指处,只堪图画不堪行。"(《题安业县诗》)作为秦岭古道的现代"图画"者,让人既想起马丁·海德格尔凝重悲观的《林中路》,又想起梵·高幸福乐观的《第一步》。面对秦岭古道的"林中路",让我们开始自己的"第一步"吧。

　　"道路"今日连称,古代却有区别。屈原《离骚》唱曰:"彼尧舜之耿介兮,既遵道而得路。……日黄昏以为期兮,羌中道而改路。"孔子推崇中庸,《论语》曾云:"朝闻道,夕死可矣。"真正把"路"留在个人脚下,让"道"进入思想世界的是在先秦《老子》中。《老子》开篇就是:"道可道,非常道;名可名,非常名。"对于《老子》的"道",后人有太多解

褒斜古栈道遗迹

析。《老子》是在秦岭终南山写出来的,对秦岭略微了解的人会说,老子的"道"是从终南山走出来的——秦岭古道,广泛记载着老子的踪迹与身影,遍布秦岭东西南北的"老君岭"就是一个例证。就秦岭古道文化地理的深层含义而言,秦岭就是一座"老君岭"。其实,就像老子是古老思想的人间代表一样,"老君岭"也只是秦岭古道沧桑历史的人文命名而已。春秋老君之先,有三皇五帝,有夏商周三代。即使不考虑现代考古已经极大地刷新了人们的历史眼光,仅以"秦岭古道"四面连通的"老君岭""炎帝庙""王母山"……来看这些地理命名的词彩思想,就能发现它们此起彼伏,一脉相通,这是在呼唤着怎样一个正道沧桑的世界啊!

秦岭是华夏史前与史后文明的巨大宝库。秦岭古道最为集中地记录着华夏文明的历史沧桑。

国家夏商周研究工程,可谓举世瞩目。关于三皇五帝最早的正史记载见于《史记》,它的首篇即《黄帝本纪》。从宝鸡炎帝陵到湖北十堰神农架,从黄帝崆峒山问道到穆天子与西王母的邂逅,秦岭"传说时代"的传说无比丰富,堪称华夏传说文明的"灵山"与"圣山"。同样,华夏始祖的生命气息也弥漫南山,蓝田猿人、大荔猿人、半坡遗址、宝鸡北首岭文化皆其著名者。离开秦岭,要研究华夏文明,几乎不可想象。从某种程度上说,研究华夏文明历史,就是研究秦岭的山水木石。"旧石器"和"新石器"时代,以"石"命名"器",不就透出秦岭之岩的人类化、文明化气息吗?以蓝田猿人、大荔猿人为重要标志的"人猿相揖别",不就是从秦岭古道走过来的吗?《诗经·节南山》中"节彼南山,维石岩岩",不单是对秦岭巍峨身躯的喟叹,也是对秦岭文明高度的礼赞吧!

《尚书·舜典》:"望于山川……至于西岳,如初。"作为人文始祖,帝舜已分明来到秦岭的西岳华山。《尚书·禹贡》:"禹敷土,随山刊木,奠高山大川。冀州既载壶口,治梁及岐。……华阳,黑水惟梁州……"始祖帝禹的"敷土,随山刊木,奠高山大川",直接给我们开辟了三条秦岭古道:

其一,"终南、惇物,至于鸟鼠……西倾,朱圉,鸟鼠至于太华"(《尚书·禹贡》)。这是东起太华西岳,中经"终南、惇物",西至渭源鸟鼠,沿秦岭北麓,与渭河平行的禹帝之路,为历史上"丝绸之路"的最早奠基。其二,"治梁及岐""华阳、黑水惟梁州……逾于沔,入于渭,乱于河"(《尚书·禹贡》)。这是南起汉中(梁州),中经勉(沔)县等地,北至渭河关中的禹帝

文化地理书系
秦岭

之路。不屑说,此即后世秦岭古道中的褒斜道与陈仓故道。其三,"浮于江……汉,逾于洛""浮于洛,达于河""导洛自熊耳"。这是秦岭南麓的禹帝古道,为蓝武古道奠定了基础。禹帝"随山刊木""九山刊旅"中的重要之山即秦岭。秦岭古道乃禹帝奠基。"朔南暨声教讫于四海",此为"禹锡玄圭,告厥成功"。秦岭古道,分明见证了禹帝的"圣绩""成功"与文明辉煌。

秦岭古道,在"人猿相揖别"的意义上,其路径之悠悠复杂,其源头之深隐蛮荒,其遗迹之散漫飘逝,皆超出了我们的研究与想象,也许会永远停留在民族潜意识的灵域和梦中。"久矣,吾不复梦见周公!"愿我们在梦中能够找寻到先人从秦岭古道走过的踪迹和身影。

1963 年,举世闻名的蓝田猿人遗址被发现。蓝田猿人遗址,就位于秦岭蓝武古道的灞水台塬上。灞水流域还有著名的半坡遗址和黄帝鼎湖遗址。而今,在蓝武古道沿线,又有湖北"郧县猿人"、陕西商洛"洛南猿人"的相继发现。在西秦岭宝鸡,学者们同样发现了古道的早期历史(史党社、周振鹤《故道的早期历史——以考古材料为主的论证》)。"嘉陵江上游的略阳县家坝、凤县嘉陵江沿线分布仰韶半坡类型遗址达 25处之多,与秦岭北麓的古遗址已经连成一线"(李烨)。依据这种古遗址与古道的重叠分布关系,以及古代人类与秦岭古道"依山傍水"的共同特点,我们可以得出两个结论:其一,人类诞生的历史,几乎就是秦岭古道出现的历史,它们有着几乎同样的沧桑岁月啊!其二,"人猿相揖别",即从高山向平川的迁徙。这样的迁徙路线,即秦岭古道。研究秦岭古道就是探究人类文明。

秦岭风光

2 华夏的半壁河山

　　已故著名历史学家严耕望先生的《唐代交通图考》第三卷,是研究秦岭古道交通的旷世巨著。在《蓝田武关驿道》中,严耕望先生写道:"此道交通所及之地区,就其范围而言,占全国面积二分之一以上,就经济文化而言,又为全国最繁荣蔚盛之域。"诚哉其言! 秦岭古道,水陆兼涉,其辐射的文化地理空间,既地处腹心关键位置,也占了华夏中国的半壁河山。

　　秦岭地处华夏中心,东西雄跨五省,绵延1 500公里。华夏中国,正式形成于西周时代(许倬云《西周史》)。周武王伐纣,秦岭南坡的巴蜀诸国是同盟性质的出兵部队。"周武王伐纣时,有八个部族自动派兵加入伐纣大军。这八个部族中,就有居于今商洛地区和湖北省西北部的濮、彭、庸、卢等四个族国,此即《竹书纪年》所记载的庸、卢、彭、濮等族国'从周师伐殷'之事。卢族居于今湖北襄樊市一带,参加伐殷走何路线,不能确知,但濮、彭、庸是要沿丹江通道至关中。"(《商洛地区交通志》)。关于著名的商周牧野大战,《尚书·牧誓》记载道:

　　时甲子昧爽,王朝至于商郊牧野,乃誓。王左杖黄钺,右秉白旄以麾,曰:"逖矣,西土之人!"王曰:"嗟! 我友邦冢君,御事:司徒、司马、司空、亚旅、师氏、千夫长、百夫长及庸、蜀、羌、髳、微、卢、彭、濮人。称尔戈,比尔干,立尔矛,予其誓。……如虎如貔,如熊如罴,于商郊。……尔所弗勖,其于尔躬有戮!"

　　《牧誓》是周武王伐纣在与纣王决战前的誓师词。"牧"指牧野,在商朝都城朝歌(今河南淇县)以南35公里。这次决战以周武王大胜、殷王朝覆灭告终。在这篇誓师词中,周武王勉励军士和助战的诸侯勇往直前。"冢君"是对诸侯联合部队中各邦国君主的尊称。"御事"指邦国的治事大臣。"司徒、司马、司空"为古代官名。司徒管理臣民,司马管理军队,司空管理国土。"亚旅、师氏、千夫长、百夫长"为带有军事色彩的官名。

"庸、蜀、羌、髳、微、卢、彭、濮人"为牧野之战的 8 个诸侯国联军。"庸：西南方诸侯国，在今湖北房县境内。蜀：西南方诸侯国，在今四川西部。羌：西南方诸侯国，在今甘肃东南。髳(máo)：西南方诸侯国，在今四川、甘肃交界地区。微：西南方诸侯国，在今陕西眉县境内。卢：西南方诸侯国，在今湖北南彰境内。彭：西南方诸侯国，在今甘肃镇原东。濮：西南方诸侯国，在今湖北郧县与河南邓县之间。"除了"微"之外，其他 7 个国家皆在秦岭南部，必须通过秦岭古道，才能完成牧野大决战。对于上述诸侯国，殷墟甲骨与周原甲骨的出土，已有现代考古证实。周人兴起于关中西部，在"汧渭之汇"定都。"汧"，即今日宝鸡千阳县千河。"汧渭之汇"，即千河与渭河相汇的地方，形成了亮相文明舞台的周原。"周原膴膴，瑾荼如怡"，即此深情优美的国家诗唱。继"汧渭之汇"后，又"既伐于崇，作邑于丰""考卜维王，宅是镐京"(《诗经·文王有声》)。周人起自西北，战略方向是东南——更为确切地说，是先南后东：渡过渭水，穿过秦岭，联合秦岭南坡的巴蜀诸国，完成灭商建国伟业。以双方当时地域、人口、经济、军事力量相比，周人似不及殷商的 1/3。以决定性的商周牧野大战为

巍峨秦岭

例,商朝70万军队,周人联合部队仅为10万。《史记·周本纪》的记载是:"于是武王……遂率戎车三百乘,虎贲三千人,甲士四万五千人,以东伐纣","帝纣闻武王来,亦发兵七十万拒武王",力量对比的悬殊显而易见。因此许倬云教授的《西周史》认为,周人赢在战略而非实力。如果是这样,那秦岭无疑成了周人建朝立国的战略重心和地利关键。古人战略论"天时,地利,人和",突出"地利",良有依啊!秦岭乃周人最大的"地利"。周人能以秦岭之"地",取得最大之"利"的关键,就是秦岭交通——秦岭古道的开辟与通行!由于相关战略情报的绝密性,因此历史文献对此记载甚少。商朝灭夏桀的美人巧计、特工卧底,《古本竹书纪年》有明确记载。周大臣散宜生送美女骏马给殷纣王,营救了被囚禁于河南羑里(今安阳市汤阴县北)的周文王。"文王拘而演周易"——《周易》是周文王的思想体系,也是人类最早最深刻的密码系统。关于秦岭的战略地位和意义,《周易·坤卦》写道:"君子有攸往,先迷后得,主利。西南得朋,东北丧朋,安贞,吉。"章学诚曾言:"六经皆史。"秦岭南坡巴蜀诸国的同盟出兵历史,证实了这种经史关系的正确。由于有了《周易》,源于秦岭的更多秘密与细节只是"藏之深山""秘不示人"。做过周朝史官的老子总结道:"国之利器,不可示与人。"

周人兴起于西秦岭(陇东),获胜于东秦岭(洛邑),东西横跨1 500公里。陇东塞外为西戎,在历史上长期是华夷的西部分界。关中是周人老家,其北边的陕北黄土高原为北蛮边境。西秦岭的陇东和关中北边的陕北黄土高原,既是农牧分界线,也是华夏边境线。周人的战略目标是秦岭南北的区域空间,整体连通的血脉即秦岭古道。以秦岭为中心,东西1 500公里,南北1 500公里的区域空间即周人的核心国土,也是华夏文化的形成母体,占了整个华夏领土的半壁河山。周人建立和奠定的这一华夏国家与领土格局,是中国的基本形象。华夏中国奠定于西周,已成学界共识(许倬云,唐晓峰)。秦岭之于华夏中国的历史形成,意义凸显!

秦岭知道,周人"蕞尔小国"能够剪灭"皇皇殷商"的秘密就在于秦岭!秦岭古道乃解密的符号和密码。《诗经》300篇,据统计有57首关于"车"的诗歌,换句话说,《诗经》几乎每5首诗作中,就有一篇与"道路"相关的诗作。与秦岭古道相关的诗篇,主要有:《周南》《召南》《小雅》和

《大雅》。我们仅以《大雅》中的《桑柔》和《皇矣》，来看周人的秦岭古道景象。先看《皇矣》（二、三段）：

作之屏之，其菑其翳。修之平之，其灌其栵。启之辟之，其柽其椐。攘之剔之，其檿其柘。帝迁明德，串夷载路。

（砍伐灌丛清理杂树，去掉横七竖八的枯木。将丛丛灌木修齐，将簇簇枝杈剪平。将棵棵柽木挖去，将株株椐木芟去。将野桑除掉，将杂藤别去。上帝派来明德的文王，打败了犬戎。）

帝省其山，柞棫斯拔，松柏斯兑。帝作邦作对，自大伯王季。

（上帝省视周地青山，柞树棫树都已砍完，苍松翠柏栽种路边。上帝佑周兴邦开疆，太伯文王始将功建。）

《诗经·天作》唱云："天作高山，大王荒之。"《皇矣》一般作为描写周文王在关中西府的岐山修筑道路的诗作，其实也完全可以看做是在开辟秦岭古道来欣赏。《诗经·皇矣》题材内容的重要性有三点：其一，《诗经·皇矣》中周文王修筑秦岭道路的内容景象，历史上至少延续了近3 000年。其二，修筑秦岭道路，被看做与帝王皇业直接相关，是所谓"帝迁明德，串夷载路"。其三，《汉书·贾山传》谈论秦驰道时的"树以青松"，其路政的文明源头在《皇矣》已经出现了（"松柏斯兑"）。与《皇矣》相比，《桑柔》中的秦岭古道氛围更为浓郁了：

瞻彼中林，牪牪其鹿。朋友已谮，不胥以穀。人亦有言，进退维谷。维此圣人，瞻言百里。维彼愚人，覆狂以喜。匪言不能，胡斯畏忌。

……

大风有隧，有空大谷。维此良人，作为式穀。……大风有隧，贪人败类。听言则对，诵言如醉。匪用其良，覆俾我悖。

《桑柔》"自西徂东，靡所定处"，是说周人向东西方向继续开拓的战略困境。"多我觏痻，孔棘我圉"，是说秦岭南北边境的战略重要性。"大风有隧，有空大谷，维此良人，作为式穀"，是在肯定秦岭古道南北连通工程的嘉举。"大风有隧"，两番出现，良有依啊！还能有什么比用"大风有隧"形容秦岭古道更生动传神的呢？秦岭古道不是普通的道路，它带有军事机密性。因此，才有"维此圣人，瞻言百里。维彼愚人，覆狂以喜。匪言不能，胡斯畏忌"（圣人能够高瞻远瞩，愚人不知祸患将临，又狂又喜。如果不是有话不能说，为何如此畏忌？）。与《皇矣》的铺陈晓畅比，

《桑柔》则非常机警深沉。"人亦有言,进退维谷",道随谷行,秦岭古道也和盘而出了。纵观《桑柔》中的"瞻彼中林,甡甡其鹿""人亦有言,进退维谷。维此圣人,瞻言百里""大风有隧,有空大谷",这样的诗歌语汇差不多是秦岭古道最优美的景观描绘了。进是谷,退也是谷,描述秦岭古道,还有比"进退维谷"更好的概括吗?几千年来,迂腐的书房文人非要把"谷"通假成"穷",想必是他们未到过秦岭,也未走过古道的缘故吧。从汉朝到清朝,还未弄清牧野之战八个诸侯国联军的进军道路。其实,《诗经·崧高》已经吐露得够分明了:"崧高维岳,骏极于天。……申伯信迈,王饯于郿。""王饯于郿"是陕西眉县,"崧高维岳,骏极于天"就是太白山哪!

秦岭是周人真正的屏障和靠山。秦岭古道是周人获得天下的奥秘和路径。由此,文、武王的周朝才以秦岭,而不是以"中岳"为华夏中国的京畿中心。在很大程度上,秦岭古道乃周人立国之道,华夏国家之道。著名的青铜器"散氏盘"铭文,有"周道"字样。王国维考证,"周道"即"故道"——连通四川、陕西两个天府之国的秦岭交通要道。周人以秦岭建国的丰功伟绩,很快不再是秘密:秦人克隆成功,汉朝克隆成功,大唐克隆同样获得成功,但一个鲜明的区别是,周人在秦岭古道上的历史形象异常完美,"周道如砥""上帝临女"——"替天行道",连春秋孔子也由衷赞叹:"郁郁乎文哉,吾从周。"(《史记·孔子世家》)其后的秦汉就从"天道"降至"人道":一个以"石牛粪金"的诈术和刀光剑影的武力,演绎人间"霸道";一个以"暗度陈仓"的智术和"潜龙勿用"的忍力,演绎人间"柔道"。无论周的"天道",秦的"霸道"和汉的"柔道",还是后来唐的"正道",都是以秦岭古道为中心对华夏国家与文明的开拓经营。尤其在唐朝,其以天下十道命名(唐太宗贞观年间设十道,唐玄宗于开元二十一年<733年>改为十五道)和管理国家领土,既是国家政区命名之创造,也是李家道体基因之显扬,更是源自秦岭古道之灵感吧。在周秦汉唐的2 000年历史中,秦岭南山是国脉圣山,秦岭古道是京畿国道。由于秦岭古道的开辟与通行,华夏中国才有可能是一完整的社稷河山形象。这一完整的"中国"形象,实现于秦岭古道的开辟与通行。完整中国之形成和奠基,秦岭古道为一基础、关键和战略的工程。它奠定于周秦,筑固于汉唐;即之邦强,离之国弱,已是古代历史的鲜明对照案例。遥遥现代,饮水思源,清楚宛然,念之深长也。正像长征道路的跋涉是现代中国的战

略基础一样,秦岭古道的开辟乃古代中国的根本磐石。

　　《禹贡》是古代地理学的经典权威。华夏文化中的九州概念,即出自《禹贡》。《禹贡》的九州视野里,其中的"华阳、黑水惟梁州""黑水、西河惟雍州""荆及衡阳惟荆州""荆、河惟豫州"和"既载壶口,治梁及岐"的冀州,乃是由秦岭古道联络成整体性的文化地理空间。李唐盛世,把华夏领土分为十道:关内、河南、河东、河北、山南、陇右、淮南、江南、剑南、岭南。其中的关内、河南、山南、陇右和剑南五道的广袤领土,是由秦岭古道实现南北东西的融合联通。

　　秦岭古道的辐射范围,西起甘肃天水,东至河南洛邑,北起陕北高原,南至江汉平原,地处天下腹心,连通江河,位置关键,占踞了华夏中国的半壁河山。

秦岭云海

3 萧瑟秋风换人间

　　作为共和国的开创者和伟大领袖，毛泽东的影响巨大而深远。这种巨大深远的影响，除了政治军事的历史性成功外，其大气磅礴、一冲九天的浪漫诗歌也是重要因素之一。1954 年，他创作了一首名扬四海的《浪淘沙·北戴河》：

　　大雨落幽燕，白浪滔天，秦皇岛外打鱼船。一片汪洋都不见，知向谁边？

　　往事越千年，魏武挥鞭，东临碣石有遗篇。萧瑟秋风今又是，换了人间。

　　盛唐京畿，唐太宗写过《望终南山》。毛泽东主席尽管在关中北山度过了 13 年峥嵘岁月，后来他还写过《水调歌头·井冈山》，然而，与"白浪滔天"的北戴河比较，历史厚重的终南山，显然已经无法唤起他那"久有的凌云志"了。是啊，终南山和它的秦岭古道，在"魏武挥鞭"之前，已经是"往事越千年"；在"魏武挥鞭"之后，更是"往事越千年，……换了人间"。毛泽东主席的历史感和秋风吟，的确也是秦岭古道最为贴切的历史和形象概括。

　　"魏武挥鞭"中的魏武，即魏武帝曹操，也是著名诗人。魏武帝曹操既在"白浪滔天"的北戴河"挥鞭"，留"有遗篇"，更在苍莽秦岭的古栈道"挥鞭"留下著名的"鸡肋"叹息。魏武帝曹操叹息"鸡肋"之地，即秦岭褒斜古道。"鸡肋"的意思是"食之无味，弃之可惜"，源于三国时代魏蜀在陕西汉中的战争历史，是魏武帝曹操留在秦岭古道上的"遗篇"。《三国志·魏志·武帝纪》裴松之注引《九州春秋》："夫鸡肋，弃之如可惜，食之无所得，以比汉中，知王欲还也。"事情是这样的，曹操与刘备对垒于汉中，两军相持不下。曹操见连日阴雨，粮草将尽，又无法取胜，心中烦恼。这时士兵来问晚间的口令，曹操正呆呆看着碗内鸡肋思考进退之计，便随口答道："鸡肋！"当"鸡肋"这个口令传到主簿杨修那里时，这个家伙自作聪明，怂恿兵士们收拾行装准备撤兵。兵问其故，杨修说："鸡肋鸡肋，弃之可惜，食之无味。今丞相进不能胜，恐人耻笑，明日必令退兵。"

于是大家都相信了。这件事被曹操知道了，曹操便以蛊惑军心之罪砍了杨修的头，这便是关于鸡肋的典故。此事发生在建安二十四年（219年）。之前，曹操"至陈仓""出散关"，降武都氐人，败汉中张鲁，威震中国。之后，败于汉中，兵退南山，因鸡肋之讥杀杨修，修寝宫树"根伤尽出血"；事后第二年，即出现"王崩于洛阳"，魏武不能再"挥鞭"了！"三月出斜谷""夏五月，引军还长安"，不久即离开人世。秦岭古道，来时属魏走时属蜀，对于戎马"挥鞭"的魏武来说，的确是"萧瑟秋风今又是，换了人间"啊。

"秦皇岛外打鱼船……知向谁边？"秦岭古道，对于千古一帝的秦始皇而言，又何尝不是"换了人间"呢。秦岭古道，栈道千里，通巴蜀，降六国，是"天下皆畏秦"的结晶与象征。秦岭蓝武古道，秦始皇巡幸全国，两次选择此道，车马仪仗，隆重奢华，威武雄壮，可想而知。然始皇崩驾于道路，埋葬于骊山，陵寝浩大，千年磨损，仍称之为"世界第八奇迹"。秦岭蓝武古道是秦楚争霸的见证，是人间变幻的舞台，也是英雄书写恩仇的历史大道。刘邦兵出武关道，宣布秦国灭亡。刘邦兵退子午道，一把火烧了栈道。谚云："楚有三户，亡秦必楚。"作为西楚霸王，项羽先是一把火烧了阿房宫，再一把火烧了秦陵宫殿。秦陵墓前的巨石雕刻，本是秦工显赫武功的标志，却被用做修建灞桥的石料。古诗叹曰："汉国河山在，秦陵草树深。暮云千里色，无处不伤心。"（唐代荆叔《题慈恩塔》）"古墓犁为田，松柏摧为薪。白杨多悲风，萧萧愁杀人。"（《去者日以疏》）刘邦与项羽手上的大火，烧了秦岭栈道，烧了秦陵宫殿，烧掉了秦国江山。"大雨落幽燕，白浪滔天，秦皇岛外打鱼船"。倘若"大雨落幽秦"，秦陵宫殿便可保住了，秦岭栈道

大散关秋色

也可保住了。对于秦始皇来说,这是人间多么幸运的事情啊!如果真的发生这样的人间奇迹,中国地理名词和胜迹中,在秦皇岛之外,也许会有一个"秦皇山"呢。

秦岭蓝武古道,也叫武关道。武关坐落在今丹凤县城东约40公里的谷间。远在春秋时已设置"少习关",战国时改为"武关"。武关道是古代长安经蓝田、商州通向南阳邓州、荆襄以至江南的交通要道。由于它在军事上的特殊作用而备受重视。唐代,其交通地位仅次于"大路驿"潼关道。历史上的武关道金戈铁马,征战频繁。春秋战国时期,秦楚诸国多次兵出武关进行征战。秦始皇统一六国后,曾四次出巡东方,其中两次通过武关道。秦末汉初,刘邦领兵破武关,战蓝田,入关中灭秦。秦岭蓝武古道最著名的战争,是春秋战国时代的秦楚争霸。秦楚争霸的中心是陕南商州。陕南商州开始为楚国领土,后被秦国占领。先秦典籍多有记载,对此,屈原有著名的楚辞《哀郢》。近年也有丹凤古城楚墓的考古发掘。唐朝刘禹锡《汉寿城春望》曾写道:

> 汉寿城边野草春,荒祠古墓对荆榛。
>
> 田中牧竖烧刍狗,陌上行人看石麟。
>
> 华表半空经霹雳,碑文才见满埃尘。
>
> 不知何日东瀛变,此地还成要路津。

"汉寿城"在今日安徽省寿县,是春秋战国时期楚国最后退守的郢城。郢城数迁,是楚国节节败退的军事耻辱和苦难记忆。秦国对楚国的军事胜利,从秦岭蓝武道一直推进到南岭下的"汉寿城"。"东瀛"一语双关,既指始皇瀛政也代指东海瀛洲。"东瀛求仙",是统一中国后秦始皇的炫耀奢华之举。"东瀛求仙"般的荒唐之举,虚幻之想,也会把楚国"寿城古墓"踏成"要路津"呢。历史上,秦将白起拔郢之后,就曾掘挖楚国王墓。刘禹锡是唐朝人,距离秦楚争霸已经过去了一千多年,诗意仍充满感伤辛酸。屈原作为当事人,国破家亡之痛,在"长歌当哭"之后,仍不能释然,何其苦难与悲伤欤!且听其歌:"长太息以掩涕兮,哀民生之多艰!余虽好修姱以鞿羁兮,謇朝谇而夕替!"(《离骚》)"去故乡而就远兮,遵江夏而以流亡。出国门而轸怀兮,甲之朝吾以行"(《哀郢》)。

国破家亡,哀音满山,屈原最终以身殉国。一千多年后,唐朝诗人杜牧来到秦岭蓝武古道,夜宿麻涧驿。其《商山麻涧》诗云:

> 云光岚彩四面合，柔桑垂柳十余家。
>
> 雉飞鹿过芳草远，牛巷鸡埘春日斜。
>
> 秀眉老父对樽酒，茜袖女儿簪野花。
>
> 征车自念尘土记，惆怅溪边书细沙。

诗人笔下，在四山合围、一水蜿蜒的麻涧，傍晚时间，晚霞山岚笼罩着四面的山峦，绿色的垂柳和柔软的桑树围绕着的小村庄只有十来户人家。野鸡在村旁自由飞走，时而跑过去一只梅花鹿，芳草一直铺到人看不到的地方，牧牛在吃饱喝足后正由牧童驱赶着走回村巷，鸡也该上架了，因为春天的太阳已经走到西山上，正斜照着小村庄。今晚他大概只能夜宿在麻涧驿了，因为这里离州城还有小半天的路程。小村庄背山面水，一户人家正巧离路不远。在那家门前的场院里，一位红光满面的白眉老人正在悠闲地斟酒自饮，他的孙女儿活泼可爱，头上插着自己采摘来的野花。诗人看到了这样一幅令人陶醉的山居图（周俊安）。

屈原《楚辞》，极尽战争之哀；杜牧唐诗，写完和平之乐。蓝武古道，换了人间。

秦蜀古道也叫散关道，因著名的大散关而得名。大散关为周朝散国之关隘，故名散关，位于秦岭北侧今宝鸡市西南大散岭上。大散关"北瞰关中，南蔽巴蜀，东达荆襄，西控秦陇"，为秦、蜀往来的咽喉要道，历来为兵家必争之地。楚汉相争时，汉王刘邦取韩信"明修栈道，暗度陈仓"之策，自汉中，经散关，由故道出陈仓，还定三秦。东汉献帝建安二十年(215年)，曹操统率大军出散关经陈仓故道夺取汉中。南北朝分裂割据时期，散关成为敌对双方争夺的主要军事目标。宋时，金兵南下，进犯陕川，宋将吴玠和吴璘两兄弟聚兵扼险固守散关，打败金兵多次进攻。南宋绍兴元年(1131年)吴氏兄弟与金兵在此又进行了激烈的战斗，屡立战功，名垂千古。今日散关岭上，一座五间二层敌楼，横锁关上。敌楼上有大文学家郭沫若先生所题"大散关"三个行草大字，古朴凝重，浑厚遒劲。关下竖有"古大散关"的碑石。宋朝诗人陆游，一生多次往返秦蜀古道，其《书愤》诗云：

> 早岁那知世事艰？中原北望气如山。
>
> 楼船夜雪瓜洲渡，铁马秋风大散关。
>
> 塞上长城空自许，镜中衰鬓已先斑。

出师一表真名世,千载谁堪伯仲间?

让人弄不清,到底是秦岭古道的战事挫折使他们悲痛,还是天道自然的萧瑟秋风使他们伤感?可能是两者兼而有之,"天人合一"的道理吧!中国诗学中的"悲秋"传统,始自宋玉《九辩》开篇的"悲哉,秋之为气也!萧瑟兮,草木摇落而变衰"。宋玉是屈原楚辞的接班人与继承者,其"悲秋"诗风,也可能是源自秦岭蓝武古道上的战争影响吧。宋玉之后,经过古诗十九首,"悲秋"诗风在杜甫《秋兴八首》中获得集大成,决定性地笼罩了后世"如今识尽愁滋味,却道天凉好个秋"的文化和心灵思潮。

毛主席作为历史伟人,在诗歌中高呼"换了人间",秦岭古道在共和国历史上也同样是"换了人间"。1970年,褒斜石门被淹就是一个典型性事件。石门,即秦岭褒斜道南端的人工隧道洞口。隧道洞长16.3米,宽4.2米,高3.45米。1970年修建石门水库时,淹在水库中。据载,东汉永平九年(66年),历时5年之久,工匠用"火淬水激"之法,开凿出一条高、宽各约4米,长约16米的穿山隧道,俗称"石门"。这是至今发现的世界上最早的通车隧道,是人类征服自然的空前壮举。"石门被淹"如同历史上的栈道被烧,都是秦岭古道人间变换的重大事件,更是秦岭古道从古代王朝来到现代社会遭遇的象征。

作为历史伟人,毛泽东主席在自己的《浪淘沙·北戴河》中,一方面以浪漫气派和现代爽朗,高呼"换了人间";另一方面也仍以"萧瑟秋风今又是",继承着战国宋玉楚辞中的"悲哉,秋之为气也!萧瑟兮,草木摇落而变衰"。中国从古代到现代,的确是极其鲜明地"换了人间"。"萧瑟秋风今又是",又意味着某种天道永恒和文化继承。在伟大领袖毛泽东"今又是"的歌吟中,宋玉的楚辞明确获得继承,"悲秋"的传统获得时代性复活。秦岭古道,在"秋风大散关"和"秋风五丈原"的萧瑟秋风中,获得了永恒的文明形象。

武关古镇

4 秦岭古道"正名"

　　随着秦岭进入现代文明视野,秦岭古道的研究亦提到研究日程。报刊书籍散载的文章不必说,专著已有李之勤的《蜀道话古》、王蓬的《中国蜀道》、王开的《宝鸡古代道路志》、西安地志编的《西安古代交通志》、汉中博物馆主编的《栈道历史研究与3S技术应用》和严耕望的《唐代交通图考》。秦岭古道研究在呈现繁荣的同时,混乱亦特别严重。李之勤教授就曾指出:"一条道路三个名称,再加上两条道路同用三个名称这种复杂混乱的现象,当然不符合地名,应为专名,作为专名应当尽量避免一地多名、多地重名的命名原则,同时必然又会给人们造成认知方面的困惑并带来诸多不必要的麻烦和不应有的损害。"(《试论蜀道北段的陈仓古道》,《石门》2007年)

　　其中最大的混乱,还是由于李白《蜀道难》的影响,以"蜀道"之名袭夺秦岭古道之实际。《蜀道话古》《中国蜀道》诸书名,即为此证。因之,有必要在此申述本书关于秦岭的古道概念,以及研究的方法论包括"正名"问题。秦岭的古道概念,我们认为有三个要义:①秦岭古道是指上起先秦下至明清两朝的秦岭古代交通路线。秦岭古道之"古",与中国历史研究中的"古代"等义。它不仅仅是今日陕西关中通往四川成都的"蜀道",还包括通往江汉平原的"楚路"。前者即是传统上所谓的"剑阁道"(金牛道)和陈仓道,后者即是蓝田道和武关道。这是秦岭古道的历史学含义。②秦岭古道,是指秦岭在古代作为国家级的官方交通历史,与长安的国都地位密切相关,甚至是融为一体的研究课题。就此而言,秦岭古道研究即指周、秦、汉、唐时期长安作为国都的交通状况。这是秦岭古道的政治学或国都学含义。在此,古都长安始终处于秦岭古道研究的中心位置,诚所谓"道汇长安"。③秦岭古道,作为自然山水和历史文化相结合的特殊载体,我们愿意努力发掘发生于其间的真、善、美的思想内容,包括民间创造与传说。这可以看做是秦岭古道的现代人文学意义。

文化地理书系
秦岭

因之,本册选择以台湾大学严耕望先生的《唐代交通图考》作为我们讨论的主要文本和研究平台,酌取众说,兼收其长。首先,严耕望先生作为著名学者,其《唐代交通图考》对秦岭古道交通的历史研究,成就卓著,举世瞩目,迄今无出其右者。他对秦岭古道的历史学尤其是文献研究,应该是空前绝后了。其次,唐朝是长安作为国都的"最后"一个王朝,也是秦岭古道的最后辉煌。唐朝的政治与文化,皆为秦岭与长安的古代象征。从秦岭古道的政治学或国都学角度,选择《唐代交通图考》,同样至为相宜。严耕望先生生长于大陆,工作于港台,其《唐代交通图考》皇皇巨著,无论人文意向和学理逻辑,可谓是一种"谁人不起故园情"吧。饮水思源,投桃报李,先贤已逝,铭感无限。在严先生《唐代交通图考》之后,应该有更多的三秦子弟走上研究秦岭古道之路。

意味深长的是,严耕望先生《唐代交通图考》的写作完成,时间是在20世纪60年代,地点是港台。其对秦岭古道的概念把握,竟然比南山脚下的本土学者高明了不知多少倍!当我们诸多学者以"蜀道"为名出书,漫论"蜀道文化"的时候,严耕望先生早已摆脱"蜀道难",开始勾勒秦岭仇池区的唐代交通——秦岭古道交通地理。《秦岭仇池区》是严先生《唐代交通图考》的第三卷,专论秦岭古道交通地理。严先生研究讨论的秦岭古道包括:秦岭"蓝田武关驿道""子午谷道""骆谷驿道""汉唐褒斜驿道"和"汉中通秦川驿道"。

蓝田蓝武古道

《唐代交通图考》已经提供了清晰而坚实的秦岭古道概念、研究内容与格局。《唐代交通图考》的出版问世,早已经从理论研究上宣布了今日省境一隅的"蜀道",僭越秦岭古道概念的历史的终结;地方性狭隘眼光,袭夺秦岭国道光芒的格局被打破。至于还有人通过"蜀道",将秦岭古道的研究重心移地换形到其他地方,那是现代人的自由权利。秦岭林子很大,什么鸟皆有,也就一笑了之吧。

5 中国古道凿空术

《周礼·考工记》有云"匠人营国"（工匠营建都城）。可见工匠对工程建设意义重大。对于"匠人营国"的道理和重要性，《孟子·离娄上》也有阐述："离娄之明，公输子之巧，不以规矩，不能成方圆。"公输子叫做公输班，即鲁班，是我国匠工的鼻祖与大师。鲁班因树叶划伤而发明锯。没有鲁班及弟子们锯、凿、锛等工具的发明创造，作为"石木"工程的秦岭古栈道便会失去起码的技术前提。而没有秦国丞相李斯对度量衡的校准统一，也就不会有秦陵兵马俑的标准化制作，更不会有秦岭古栈道的严格节奏之美。锯、凿、锛作为筑路工程的基本铁器和劳动工具，又以铁的铸造为前提。姚远在《西安科技文明》写道："冶铁及铸造是秦人最有特色的技术活动之一。《管子·地数》和《山海经》记载的3 690处产铁地，陕西就有6处。"书中还提到：

"1973年在雍城遗址清理出3批铜建筑构件，计64件。筒状构件内尚有朽木遗存，证实为铜、木构件的结合使用。"

《中国冶金简史》也记载："近年来，在陕西临潼、咸阳一带，出土了不少秦的铁农具和铁工具，如大铁铧、铁镰、铁凿、铁锤等，从一个侧面反映了当时发展农业、兴修水利和建筑工程的盛况。从开凿灵渠，建筑万里长城，直到秦始皇统一中国的历次战争，都是与铁器的广泛使用密切相关的。"

"石木工程"的栈道，若没有铁器或铜件的使用，要通过千军万马与载重车辆，显然是不可能的。至少在秦朝，将建筑阿房宫的铁器运用技术应用到秦岭栈道，是极为可能的，也是顺理成章的。

有了阿房宫尤其是连接各个宫殿"架空栈道"的出现，修筑秦岭古栈道，就工程技术角度来说，完全具备条件。秦岭古栈道就像万里长城一样，包含着相当的技术水平，最关键的还在于极其浩大、让人惊讶的工程数量。这样的艰巨工程，必然是倾全国之有、竭万民之力、尽山川之

藏。李白《古风》叹云："征卒空九宇,作桥伤万人。"但对其确切的现代数理经济式计量既无必要也无可能,这样的代价是秦的迅速亡国!"秦从小到大,统一天下,足足用了三十一世计五百五十六年,遗憾它十三年而衰,十五年而亡,真是善作者没有善成,善始者没有善终,悲哀之极!究其原因,贾谊说:'仁义不施而攻守之势异也。'杜牧说:'族秦者秦也,非天下也。'"(朱鸿《秦器》)秦完成立国用了500多年的时间,仅15年而国亡,这是怎样的历史时间比例啊!这种惊人的历史数量比例,表现在阿房宫的建设和毁灭上,同时还表现在秦岭古栈道的架通和烧断上!秦岭栈道架通的工程量,我们已经无法确知,仅提供两个前贤的工作,聊以备忘:"秦汉以来铁器的大量生产,必然要以更大规模的矿石开采为前提,因为每炼一吨生铁,一般需要两吨左右的矿石……这就不难理解,汉武帝时为什么每年都要驱使十万人以上去'攻山取铜铁'。"(《中国冶金简史》)"据摩崖石刻《石门颂》和《鄐君开通褒斜道》摩崖石刻记述,东汉永平四年(61年),兴议草创,永平六年(63年)鄐君组织施工,至永平九年(66年)完成,用了766 800多个劳动日,修通了褒斜道南段258里。计桥阁623间,大桥5座,邮亭、驿置、徒司空、褒中县官寺等建筑物64处,工程极为浩大。"(王开《宝鸡古代交通志》)仅仅258里,就用了近乎77万个劳动日。秦蜀古道长度在1 000公里左右,秦岭古道大的有5条。工程学家无兴趣走近历史计算,而历史学家也走不进计量工程。"有学者把褒斜栈道同万里长城和京杭大运河等有关国运的大工程,称之为古代中国的三绝,应该是不过分的。"(周国华)事实上,秦岭古道的历史风云,可能还要在万里长城之上。

历史有云:"汉承秦制",秦岭栈道架通的工程量,应该也无二致。秦岭栈道的依山架通,使得秦朝灭巴蜀,亡楚国;秦岭栈道的劳民伤财,使得汉楚迅速灭亡秦国。秦朝立国源于秦岭栈道工程,亡国亦由于秦岭栈道工程。列宁曾说:"共产主义等于苏维埃加电气化。"秦汉风云让人感叹:"历史命运即秦王朝加古栈道。"

《易经·系辞》云:"一阴一阳之谓道。"阳之象即火。100多万年前的蓝田猿人,已在秦岭脚下使用火了。雷电闪逝,森林自燃,都将火推到我们的祖先面前。尤其秦岭古代的森林自燃,将火从天上带到人类地球,也将燃烧的余烬木炭馈赠给地球人类。有了木炭,半坡先民的彩陶文明

出现了。彩陶文明,首先就是半坡先民用"火"对"土""水"所成的"泥"的加工烧制。陶器—铜器—铁器,原理性的思维是一样的,区别仅在于加工材料的硬度愈来愈高。在秦岭花岗岩上修筑栈道,岩壁凿孔是重要环节。其对铁凿的硬度和韧度要求皆相当高。铁器的硬度,主要取决于水中的蘸火;铁器的韧度,主要取决于热中的煅打。铁器成钢,皆赖水火之功用,尽见阴阳之哲理。作为熔炼钢铁的燃料,南山木炭的加工,也尽是水火之功,尽见阴阳之理。"燃料是冶金的能源和还原剂,秦汉以前一直是用木炭作为冶金燃料,冶金生产的不断扩大,必然会受到森林资源的限制。""苏轼的《石炭行》提到:'根苗一发浩无际,万人鼓舞千人看。投泥泼水愈光明,烁玉流金见精悍。南山栗林渐可息,北山顽矿何劳锻。为君铸作百链刀,要斩长鲸为万段!'这首诗反映了宋代冶铁用煤的情况。徐州是宋代冶铁基地之一,过去用南山木炭冶铁,当发现煤矿后就改用煤炭了。"(《中国冶金简史》)汉唐以前,熔炼钢铁的基本燃料,就是秦岭南山的木炭。南山木炭的原料,是秦岭山区茂盛的青冈类硬木。白居易脍炙人口的"伐薪烧炭南山中",讲的就是秦岭山区的木炭故事。

秦岭山麓,富藏铁矿,青冈茂密,燃料与材料,木件与铁器俱全;又位处京畿,俯望阿房宫;最后加之劳动者的巨大劳作,秦岭栈道便应运而生,闻名于世。

栈道有狭义和广义两种概念。广义的栈道概念,等同于秦岭古道路。比如《栈道历史研究与3S技术应用》即在广义的内涵上使用栈道概念,书名是"栈道历史",内容为秦岭古道的探讨。狭义的栈道概念,指秦岭古道中的

沣峪河旁
古栈道遗址

一种特殊道路形制与技术系统。其一,秦岭古道中的栈道,就筑物材料而言是以"岩石"与"木材"为主,是一种特殊的"石木技术工程"。其二,作为"石木技术工程",栈道的形制特点从空间拓扑性上看,是四维(左右上下)或三维闭合的。其三,栈道很多情况下又被称为"阁道"与"驿路"。"阁道"是就栈道的闭合形制特点而言的,"驿路"则是从其国家级的交通性质与级别出发。这两者,都是对栈道概念的客观规定。其四,从功能上看,秦岭古道以穿越秦岭、沟通南北为目的。虽然有"飞梁架绝岭,栈道接危峦"(《相和歌辞·蜀道难》)的情形,但这不代表秦岭古道的普遍情况。若无河水,秦岭古道可沿谷底穿行;若无高岭,也可贴"地面"通行。崖侧架木,高耸入云的栈道,是秦岭古道面对高山地貌的无奈选择,是国家南北交通的宏伟工程。韩愈"非阁复非船,可居兼可过"(《奉和虢州刘给事使君三堂新题二十一咏·方桥》),描述了"阁道""居"(阁)与"行"(道)的两重功能。既显示了国家的气魄、实力与奢华,也预示了社稷的得失、变迁与命运。尤其秦始皇的"阁道","自殿下直抵南山",完全是在封建王朝时代为其个人所修建的航空通道。

我国古代将开通道路谓之凿空。《史记·大宛列传》记:"然张骞凿空,其后使往者皆称博望侯。"太史公的叙述极富道理:修通道路(凿空),人们的眼界由地望变得更为富博广阔了(博望)。唐代徐彦伯《相和歌辞·胡无人行》:"十月繁霜下,征人远凿空。"与平原道路相比,秦岭古道可谓真正的"凿空",是"凿空技术"的集大成者。其一,在古代封建社会,受科技水平限制,最接近天空者无疑是高山。在秦岭修路,是凿空的集中象征。古代文明对天空的渴望与憧憬,以重阳登高的民俗为例,有王维脍炙人口的"遥知兄弟登高处,遍插茱萸少一人"(《九月九日忆山东兄弟》)。更有秦皇汉武不竭地登高封禅为历史代表。秦岭高山凿空,既是国家力量的体现,也是人类心灵的登高诉求。其二,平原道路是紧贴地表向四方延伸的,秦岭古道中的栈道,依崖而筑,有离开水面三五米甚至三十米之高者,这在无航空技术的古代,秦岭栈道是人类社会的"凿空"工程,不亚于今天"嫦娥奔月"。"飞梁架绝峻,栈道接危峦","西当太白有鸟道,可以横绝峨眉巅"。鸟道摩天、高耸入云的连云栈道,以其名质,诚为象征。其三,与"飞梁架绝岭"之栈道凿空术对应,秦岭古道尚有惊世闻名的隧道凿空——它的代表,就是褒斜道南口的石门工程。

　　秦岭褒斜古道的石门，是人类最早的人工隧道。与木炭的制作和钢铁的熔炼一样，石门凿通也是阴阳艺术，被称之为"火烧水激"法。如果说，秦岭栈道是中国古代修路史上高度凿空术的杰出代表，那么褒斜石门就是地面凿空术的集大成者。秦岭古道是古代社会的国家干道与官方驿站。李白诗曰："何处是归程，长亭更短亭"（《菩萨蛮》），就是国家驿站的形象写照。秦岭古道作为国道，固然与位在京畿有关，更在于它拥有石门和栈道那样中国古代凿空术的卓越代表。秦岭栈道虽几经烧毁，于今不存，却与国史同在。石门已被水淹成湖，只有其旁摩崖石刻"石门十三品"永远扬名。

汉中褒斜古栈道风景区

6 秦岭古道孰为先

在秦岭古道的当前研究中,究竟哪一条古道最先被开辟出现?古道研究专家郭荣章先生,在《再论褒斜道改道的有关问题》写道:"历史上的褒斜道由褒水与斜水的两条河谷所构成。褒、斜二水同以衙岭山(今名五里坡)为发源地,各自反向分流,经长时切割而成为相互对应的山谷。古代的先民们很容易沿此二谷踏出一条穿越秦岭的通道,后来逐渐被辟为交通要道,且被誉为'蜀道之始'。"王蓬在《中国蜀道》中说:"许多专家认为褒斜道为蜀道之始,发现最早。"《商洛地区交通志》道:"武关道成径于何时,古文献没有详确的记载。从考古发掘出土的文化遗址看来,可以追溯到新石器时代。从商州市和丹凤、商南县的赵塬、紫荆、两岭、北岭、金花湾、过风楼等的文化遗址分布看,先民们是沿河流居住,沿河流移徙。"由于与丹江的密切关系,秦岭蓝武古道也被称之为"丹江通道"(侯甬坚《丹江通道述论》)。李烨在《汉中盆地史前时代交通蠡测》中写道:"从文化遗址内涵和分布来分析,最早出现的通道,应该是'丹江通道'和'嘉陵江通道'。""从现有资料看,应是丹江通道为先"。这等于说,秦岭蓝武古道不仅在褒斜道的前面,也在秦蜀古道之先。

秦岭古道孰为先? 应该有历史典籍和考古发现两个观察角度。

就历史典籍的内容看,《尚书》开篇之《尧典》有:"咨! 四岳:汤汤洪水方割,荡荡怀山襄陵。""四岳"与"怀山"最早把尧帝与山的消息传出。《舜典》:"望于山川,遍于群神,……至于岱宗……八月西巡守,至于西岳,如初。"这是秦岭被明确记载之始。《尚书·益稷》中的"予乘四载,随山刊木"是山中古道的历史记载之始,秦岭古道包括在内应有可能。《禹贡》则是《尚书》最著名的历史地理文献,开篇的"禹敷土,随山刊木,奠高山大川",应该是深山古道的上古辉煌篇章。

明确涉及秦蜀古道的有:"浮于潜,逾于沔,入于渭","黑水、西河惟雍州","导嶓冢至于荆山","嶓冢导漾,东流为汉"。秦蜀古道运输"厥贡

镠铁银镂砮磬,熊黑狐狸织皮",秦蜀古道的贡物当时就如此丰富啊!其中"嶓冢"出现三次,是禹帝"随山刊木,奠高山大川"的一个重点。"嶓冢"指"高陵",即宝鸡天台山炎帝陵,也叫"嘉陵"。嘉陵江也得名于此。"嶓冢之南",《禹贡》记有:"沔"(今勉县)、"漾"(今洋县)……皆汉水上源,秦岭南坡,"东流为汉"。《禹贡》对"嶓冢"记载详尽的缘由有三个:①它既是汉江渭水的分水岭,又是南流之嘉陵江与东去之汉江的发源地。这是自然地理原因。②秦蜀古道南北的嘉陵江与清姜河既是连境(南羌西戎)地带,同时谷宽坡缓,这是交通地理缘由。《山海经》即有"禹出于羌",陕南宁强即古之"宁羌"。③"嶓冢"即炎帝墓冢,嘉陵即炎帝陵,还有天台山之台(炎帝),崆峒山之道(黄帝),都是华夏圣山区域。这是神性(所谓人文)地理根源。如此来看,则秦蜀古道在秦岭古道的起源上则有某种优越性和优先性。

另外,东边的秦楚古道,北端有黄帝鼎湖宫,南端有神农架,更兼濒临夏、商二代的河洛文明中心;《周易》明言"河出图,洛出书,圣人则之",《禹贡》也明言"导洛自熊耳……又东北入于河"。这条秦岭古道,当时运输,即"禹贡"的主要物产是"厥贡漆、枲,絺、纻,厥篚纤、纩,锡贡磬错"。商洛、安康有著名的"金漆",迄今闻名全国。则秦楚古道又显出一

高山流云

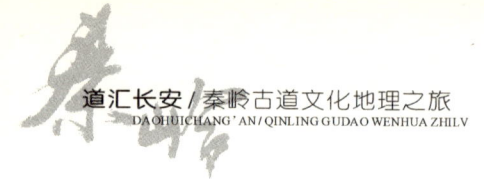
种优越性和优先性。更为根本的是,闻名世界的蓝田猿人,在蓝武道已发掘出 3 个遗址,使蓝武古道的文明历史具有空前的绝对性与权威性。于是,颇为同情秦蜀古道的汉中学者李烨也承认,"应是丹江通道为先"。

夏商周以降,春秋战国,纵横捭阖,交通日盛,秦岭古道的文字记载渐多且详。《左传》:"哀四年,楚人谋北方,司马起丰、析以临上雒,使谓阴地之命大夫士蔑曰,士蔑,晋大夫也,将通少习以听命。""少习即武关"。春秋时代,商洛地区属于楚国,到了战国,渐入秦国版图。楚昭王时期,"秦以五百乘救楚"(《史记》),这已有近年丹凤古城楚墓考古发掘的证实。《史记》对秦蜀古道最早记载是在秦"厉共公二年,蜀人来赂"。韩兆琦先生对此的注释是:"这是蜀与内地国家发生联络的最早的记载。"

从《左传》《史记》的记载看,秦楚大道在春秋已多有记事,秦蜀古道差不多是在战国先期。如果考虑到秦蜀古道北端是秦国祖先兴起之地,则秦蜀古道的历史应当更为悠远。《史记·秦本纪》云:"其玄孙曰中潏,在西戎,保西垂。"近年秦西垂陵区大堡子山秦墓的考古发掘,也已证实。此秦墓又要早于丹凤古城楚墓。另外还有古散国"散氏盘"的出土,对于秦蜀道大散关遗址提供了直接的历史文物佐证。秦蜀古道与秦楚古道,孰先孰后,殊难于判断。再加上秦岭南坡的古褒国,还有秦岭北麓的古骆国,无疑对于秦岭褒斜道和傥骆道的历史文明都是重要的提示与参考。尤其前者,既在秦岭南坡,又有著名的美女褒姒让周幽王"一笑失天下"。《左传》、《楚辞》、正史皆有记载。秦蜀交通在先秦春秋时代,究竟是走故道还是褒斜,就既多了一种可能也多了一种分歧。有学者就倾向认为,褒斜道为秦岭"古道之始"。

秦蜀古道,史书上称之为"故道"。"故道"一名,始见于西汉时期。《史记·高祖本纪》记述:"(汉元年)八月,汉王用韩信之计,从故道还,袭雍王章邯。"《史记·淮阴侯列传》:"八月,汉王举兵东出陈仓,定三秦。"故道之名,虽然始见于司马迁写的《史记》,但它的被发现、开辟利用却更早。传世的"散氏盘",据考证是早周时期古散国的遗物,古散国就在今宝鸡市的渭河南侧。盘上的铭文中已有"周道"一词。郦道元《水经注》关于宝鸡附近渭水支流汧水的记事中,又提到这里有个"周道谷"。据王国维考证,这个"周道"就是"故道"。在上世纪 50 年代和 60 年代初,四

川新繁县水观音遗址、彭县竹瓦街广汉中兴古遗址中,先后发现殷、周的一批青铜器,也足以说明殷、周时代蜀周关中、中原的交往已相当密切。故道既然就是周道,也就意味着是周代通蜀之道(王开)。

就文献记载而言,褒斜道见于史籍是在《史记·孝武本纪》。"故道"的命名与历史,包括"散氏盘"的考古发现都表明:秦蜀古(故)道应该在褒斜古道之先。因之,秦岭古道孰为先的答案,应该在秦楚古道与秦蜀古道两者之间。在不同的标准、不同的文献、不同的参照重心下,会有不同的回答。从周朝兴起的历史轨迹看,是从关中西北向东南壮大发展;既然将故道以"周道"("散氏盘"铭文载)相称,既然以"故道"命名,应该是秦蜀古道(陈仓—散关道或金牛—剑阁道)为先吧。另外,《易经·坤卦》"君子有攸往,先迷后得,主利。西南得朋",以及周原甲骨和《尚书》记载的周蜀同盟也表明:位在"西南"的秦蜀古道,的确是周朝的"故道"——起源在先的秦岭要道。如果考虑夏、商两朝文明,假定《华阳国志》"秦岭道路,起于三皇"真实,承认商朝与商州的同源关系,尤其允许执着于蓝田猿人的三大遗存发现,加之文献综合考虑,在秦岭古道的文明起源上,可能是秦岭蓝武古道为最先吧。

秦岭山间公路

7 秦岭古道与现代交通

　　秦岭—淮河是中国天然的南北分界线。秦岭的这种地理分界功能，经常被形象地概括为南舟北马、北雪南桃。意思是说，秦岭之南是中国的南方，河流众多，大船小舟是主要的交通工具与标志，而秦岭之北是中国的北方，草地辽阔，骏马华车是主要的交通工具与标志。在秦岭的北麓还是终南阴岭秀、积雪浮云端的一番冬景时，秦岭南坡已经春回大地、桃花盛开了。这是秦岭北雪南桃的形象代表。秦岭南坡的河流，基本属于长江水系，汉江是最大支流；秦岭北麓的河流，完全是黄河水系，渭河是最大支流。在很大程度上，秦岭的确是中国自然地理和历史文化的分界标志。

　　秦岭古道的功能，与秦岭的分界功能基本上是相反的。在自然地理上，秦岭高山是区别分隔；在历史文化上，秦岭古道是沟通交流。在地望印象上，秦岭群山，由东而西，阻隔南北，起伏于数省，犹若华夏中部的巨龙。秦岭古道，由西而东，逶迤千里，连通南北，宛如中国的血脉。虽然在历史上有过三国魏、蜀两国以秦岭为核心的边境鏖战，有过宋、金两国在秦岭边疆区域的紧张对峙，然而，秦岭古道最基本也最关键的意义还在于它连通南北、形成华夏中国的历史作用。

　　秦岭古道，由西往东其著名者有五：秦蜀道、褒斜道、傥骆道、子

宝成铁路桥

午道和蓝武道。这里，有必要介绍一下作为蓝武道副线暗道的华洛古道。谙熟故乡商洛地理的贾平凹写道："从商洛进入关中，本来只有一条正道：过武关，涉五百里河川，仰观山高月小，俯察水落石出，在蓝田县的峪口里拐六六三十六个转角弯儿才挣脱而去。但是，谁也没有想到，就在西岳华山的脚下竟有了一条暗道，使这个保守如瓶的商洛从此开了后门：这就是由北而南的石门河了。"（《商州三录》）作家说的正是华洛古道。清人毛凤枝《陕西南山谷口考》对华洛古道也有详论。华洛古道北起古代华州的两京道，其北段（秦岭北麓）为今日202省道，沿着关中华阴县和华县交界的罗敷河谷道的正南方向前进，翻越秦岭后，沿着洛河上源到达商州洛南县，从洛南县既可单独东南行通向河南西境，也可西南方向与蓝武大道会合。从秦岭古代道路的宏观结构看，华洛古道实为蓝武道的副线暗道。华洛古道东是西岳华山，西是金堆城。西岳是仙境，金堆城是金山。"国之利器不可示人"，作为蓝武古道的副线暗道，华洛道也养育着民族国家。现在看秦岭古道与现代交通的共同关系。

秦岭古道与现代交通有3个共同点。其一，现代交通干道（国道与省道）与秦岭著名古道基本重叠。最西边的秦蜀古道，是宝成铁路的基础线路，另有212省道伴随。褒斜古道由210省道基本覆盖，眉县到太白县的县级公路且不说。傥骆古道，今天是108国道。子午古道，今天是210国道。蓝武古道呢，今天是国家高速公路通道。最东边的华洛古道，前面已述，是陕西省202省道。除国家公路干线外，西边的秦蜀古道，中间的子午道略东以及蓝武古道，如今分别有国家三大铁路交通线。

秦岭古道与现代交通的第二个相通点是区域均衡原理。秦岭北麓为八百里秦川的关中。秦岭的几大古道与现代交通干线，基本上是东西间距均匀地从西往东分布。最西边的秦蜀古道，距离褒斜道，大约40公里；中间的傥骆古道距离子午古道，大约40公里；最东边的蓝武古道到华洛古道，也大约40公里。最西边的秦蜀古道，中间的子午古道和最东边的蓝武古道，又分别通往汉中、安康、商洛3个秦岭陕南地区。陕西省现代"米"字形公路，以及穿越秦岭的宝成铁路、西康铁路和西商铁路，也都体现了区域均衡的原理。这既有大自然的造山地理原因，也是人类的自觉选择。《老子》（《道德经》）讲过："天之道，损有余而补不足。"均匀分布的秦岭古道与现代交通干线，似乎与天心符契，应答了天道。

　　秦岭古道与现代交通的第三个相通点是沿河成路、循谷成道。"沿河溪成路，是山区道路在布设的规律和基本形式"（《商洛地区交通志》），以至于学界将蓝武古道称之为"丹江通道"，将秦蜀古道称之为"嘉陵江通道"。"这些通道主要是利用秦岭的峡谷和河流。陈仓道是由秦岭北坡的清姜河（古代称扞水）而上，再由南坡的嘉陵江（古代称故道水）南下。褒斜道是遵循着褒水和斜水的河谷。傥骆道是沿着傥谷水和骆谷水的河谷，子午道则是越过秦岭后，由宁陕县境旬阳坝循池水南行的。陈仓道、褒斜道、傥骆道和子午道皆是由长安通往汉中的通道，库谷道由库谷登上秦岭，循乾祐河（古称柞水）而南。乾祐河为旬水支流，这条通道循旬水达于旬阳，再到安康。武关道则是由灞水河谷转到丹水河谷，经过商洛，通往河南南阳和湖北襄阳。"（史念海《河山集（四）》）

　　现代交通与秦岭古道相比，其不同点和优越性也显而易见。由于筑路技术的高度机械化和现代化，秦岭现代交通，动辄架桥数里、隧道连绵。秦岭古道以褒斜石门和古栈道著称。褒斜石门长 16 米，秦岭终南山隧道长 18.02 公里。由于现代筑路技术的革命性提升与发展（桥梁技术、隧道技术），与时俱进，与日趋直。210 省道之于褒斜古道，西（安）汉（中）高速路之于傥骆古道，西（安）（安）康高速公路与铁路之于子午古道与西万公路，就是显著例证。尤其西康高速公路与铁路的修建，公路距离缩短为之前的 1/2，铁路距离缩短为之前的 1/4！秦岭古道在过去以"蜀道难"闻名天下，今天的交通，不必说航空旅行，乘坐汽车也可谓"千里江陵一日还"。其中的现代技术关键，即长达 18 公里的著名隧道——秦岭隧道的凿通——古代人的"凿空"之梦，在秦岭隧道真正获得体现与实现！现代筑路技术的辉煌成就，使得人们面对秦岭古道遗迹，多少表现出奢华、浪费和草率态度。石门被褒河水库所淹没，即是典型例证。其他如古栈道孔被用来作为炮眼炸山，栈道石柱、石墩、石砖被随意用做民间建筑材料，更是屡禁不绝，令人感叹，已经引起了有识之士的反省与批评：

　　"厚畛子西边，临河有栈道，石孔整齐排列，石桩插入其间，上棚石板，为青苔所盖。这样的栈道，傥骆道上一共有 13 处之多。望着那些栈道遗迹，念及'地崩山摧壮士死，天梯石栈相勾连'的诗句，一种悲壮与凝重油然而生，它们连接了历史与今天，连接了祖先与我们，触摸着印

满祖先脚印的石条，过去和现在的刹那交叉使我们感到了筑路壮士怦怦的心跳和灵魂的颤动……这是进入时光隧道的桥梁，远古的默契与今天的理解由它而融为一体。我去年带朋友再去看河水边的栈道，卯在桦亡，石柱已荡然无存，只留些洞眼，泪眼汪汪地注视着苍天。"（叶广芩）

历史遗迹毕竟是历史，农民生活毕竟是现实。历史上早有秦朝石雕被用于灞桥建筑的记载，今日农民们用栈道遗物"修补"自己的贫困，也无可厚非。包括贫困农民在内的具有现实性的文明整体与制度保障，才是秦岭古道遗存保护问题的关键。秦岭古道已经融入现代生活，融入现代交通的网络结构。站在宝鸡大散关遗址，人们可以看见四道并行的奇观：宝成铁路、宝汉公路、古代栈道和清姜河道。"宝成铁路线路所经，82%为山岳地区，先后跨越秦岭、巴山和剑门山。过杨家湾后，接连形成两个马蹄形展线。过观音山向南再转弯向北，跨过清姜河上游，形成第三个马蹄形展线。接着穿过高山群脊，在枣园沟与灯台沟间的'8'字形螺旋线，使线路回转360度。因此，在观音山车站可以看到三层铁路重叠的壮观场面。"（《陕西省志·铁道志》）宝成铁路在此是著名的三重铺轨，与宝汉公路、古代栈道和清姜河道加起来是六道并行。南是嘉陵江，北是大散关，高山绵延，列车呼啸，甚为壮观！

西汉高速

8 有"蜀"无"楚"的秦岭古道

陕西省简称"秦",四川省简称"蜀",皆来源于春秋战国时期的"秦国"和"蜀国"。春秋战国时期的另一个大国——楚国呢,既是春秋五霸,又是战国七雄,却没有一个省份命名以"楚"。在春秋战国时期,楚国最后固然败于秦国,但与蜀国相比,显然是既大又强又久吧。"蜀"由四川省继之称名,"楚"却在中国无一个省份愿意继之称名,有点奇怪吧。与此类似,秦岭古道,到处以"蜀道"称呼,"蜀道"几乎要袭夺秦岭古道的概念和正名。"楚道"呢,连个影子也没有!同样有点奇怪吧。论起来,楚国和"楚道"在陕西秦岭的来龙去脉,要比蜀国和蜀道既远且深呢。"由于这支楚氏族一非周文王的姬姓宗室,二非周宗室的姻亲,所以在关中不能久留,就逐渐沿灞水而上,越过秦岭,又沿丹江通道而下,居于丹江,中国古代有一个传统习惯,每逢部族迁徙时,就把原居地的地名带到新居地,或以氏族名来命名新居地的城邑、山、水。所以,由山、水来说,西安市东南有荆溪,商州市有大荆川、西荆川。所有这些,当与江汉地区的荆区、荆门、荆州等有着内在联系,又商州市周围的凤凰山、文公山、西芦山等秦岭支脉,古代统称'楚山'。乾隆《商州志》说:'乳水'古称楚水。在方圆百里的商州盆地,周围竟有七、八个楚山、楚水和荆水,它们和楚族的迁徙、过往与楚国的经营当甚有关系。所以,楚人对丹江通道的开辟盖有功绩。"陕西商洛地区有七八个山水也以"楚"命名;独不像"蜀道"那样,以"楚道"相称,究竟是什么缘故呢?是由于伟大诗人屈原仅仅写了《离骚》《哀郢》,而没有像李白写《蜀道难》那样,创作一首《楚道难》的缘故吗?

的确,李白《蜀道难》让"蜀道"袭夺秦岭古道的正名,变得多么容易而堂皇啊。今日讨论"蜀道"的文章,十有八九会半引或全引李白的《蜀道难》,也大都承认,正是李白的《蜀道难》,让"蜀道"占据了秦岭古道的正宗江山。虽然人们已经看到,所谓的"蜀道","称为'秦蜀通道'则更为

符合实际",但仍然免不了还要说:"陈仓故道是蜀道的北段,宝鸡为'蜀口'。"(王开《宝鸡古代交通志》)。天才获得了历史性的自由,后人却是历史天才的奴隶。让我们也引用一下李白的《蜀道难》,看天才究竟在历史中是怎样自由歌唱吧。

《蜀道难》

噫吁嚱,危乎高哉!

蜀道之难,难于上青天。

蚕丛及鱼凫,开国何茫然!

尔来四万八千岁,不与秦塞通人烟。

西当太白有鸟道,可以横绝峨眉巅。

地崩山摧壮士死,然后天梯石栈相钩连。

上有六龙回日之高标,下有冲波逆折之回川。

黄鹤之飞尚不得过,猿猱欲度愁攀援。

青泥何盘盘,百步九折萦岩峦。

扪参历井仰胁息,以手抚膺坐长叹。

问君西游何时还,畏途巉岩不可攀。

但见悲鸟号古木,雄飞雌从绕林间。

又闻子规啼夜月,愁空山。

蜀道之难,难于上青天,使人听此凋朱颜。

连峰去天不盈尺,枯松倒挂倚绝壁。

飞湍瀑流争喧豗,砯崖转石万壑雷。

其险也如此,嗟尔远道之人胡为乎来哉!

剑阁峥嵘而崔嵬,一夫当关,万夫莫开。

所守或匪亲,化为狼与豺。

朝避猛虎,夕避长蛇,磨牙吮血,杀人如麻。

锦城虽云乐,不如早还家。

蜀道之难,难于上青天,侧身西望长咨嗟!

首先很清楚,《蜀道难》的文本内容,写的是秦岭古道,至于是褒斜道还是陈仓道,暂且不管。《蜀道难》本为南北朝以来的词体名。唐人随己高兴,也有作《蜀道易》者。究竟选择《蜀道难》还是《蜀道易》,完全取决于社会背景和个人兴致。所谓的社会背景,《新唐书·严武传》写得明

文化地理书系

白："武为剑南节度使……李白为《蜀道难》以斥严武。"(《李太白校注》)唐朝大的政区为十道,剑南道为其一。"武为剑南节度使",相当于今日三个省省长的权力,即便在今天,也只有像李白那样的人敢于"以斥"吧。或若不信,至少诗句明白写着:"锦城虽云乐,不如早还家。"这个"家"在哪里,从"侧身西望长咨嗟"稍作分析可知,李白《蜀道难》,从自然地理看,区域是秦岭古道;从人文地理看,指向京都长安。今日那种不顾其诗思想内容,不仅无视《蜀道难》人文地理的价值取向,并且还要把它的自然地理实体——秦岭古道,移地换形到其他地方的人们,完全是以其文害其义了!借用李白在《蜀道难》所牵挂的朋友杜甫的话,就是:"世人皆欲杀,吾意独怜才。"(杜甫《不见》)李白有知,会又一次"侧身西望长咨嗟"吧。

秦楚古道

在李白《蜀道难》中,"蜀道"指连通成都与京城长安的秦岭交通道路,中心乃关中长安。今日,那种以四川为中心,将云贵通往成都的交通路线也称之为"蜀道"的说法,与李白的"蜀道"无关。同一个词("蜀道"),为两个概念(以京都为中心和以成都为中心)。以古人之灵气添个人之伪意,如果不是"顾左右而言他",也是醉翁之意不在酒。今日严肃的"蜀道"(秦岭古道)研究,首先得抹去诸多无聊的蜘蛛网。李白的《蜀道难》,其"蜀道"即秦岭的古道交通,特别是西秦岭太白山附近的秦岭古道。或曰:"西当太白有鸟道",甚为分明。还有"问君西游何

秦楚古道

时还"之"西","侧身西望长咨嗟"之"西",地望与中心参照显然是京城长安。而从"西当太白""青泥何盘盘""剑阁"的描写顺序看,李白的"蜀道"之旅是从长安往成都方面,因此结尾才有"锦城虽云乐,不如早还家"。

秦岭古道的东西两端,西为秦蜀古道,东为秦楚古道。西边的秦蜀古道被天才李白以《蜀道难》吟咏,以至于蜀道几从秦岭移至蜀境。而东边的秦楚古道呢,既为屈原《离骚》、宋玉《九辨》的心痛,也为后世楚人的历史讳忌———一直未有,也不会有"楚道"的命名。秦岭古道,千余年来便是一种有"蜀"无"楚"的格局境况。然而,今日我们无论是面对历史还是面对地理,秦岭古道就像其他大的人类道路一样,它也必然在其两端系着两个国家、两个民族或两座城市。因之,在秦岭古道的两端,我们必须在"蜀道"的前面加上"秦",称之为"秦蜀古道"。我们也必须在秦岭古道的东端,在"蓝武道"的后面补上"楚",称其为"秦楚古道"。"东南方干道自咸阳东南行,过蓝田,越秦岭,出武关,至南阳郡,折南经邓县(今湖北襄樊市西北)抵南郡。这是关中南下江湘的通衢,后人称其为秦楚大道。"(《中国古代道路交通史》)"春秋、战国时期,随着楚国的日渐强大,四处用兵,拓疆展土,并汉水诸国后,又挥戈北上,兵威达于黄河之滨,北有南阳盆地,西有安康、汉中,遂进入春秋五霸、战国七雄之列。由于楚据有南阳宛城,秦楚大道出下境(今河南淅川老城西)后,便离开丹水谷地,直东走向南阳盆地。"(《商洛地区交通志》)楚国无言,今日忠于历史的学人皆会同意把"武关道""蓝田道"以"秦楚大道"或"秦楚古道"相称,如同必须将"蜀道"以"秦蜀古道"或"秦蜀故道"相称一样。《老子》有言"补不足而损有余",乃天之道也。在秦岭古道研究上,打破有"蜀"无"楚"的历史局面,既是天道召唤,也是人道诉求。

孔子《论语》云:"孔子于乡党,恂恂也不能言者。"唐诗有:"近乡情更怯,不敢问来人。"(宋之问《渡江汉》)楚国的灭亡,使得屈原长歌当哭之后,面对武关痛苦之极,完全失语。几千年之后,为了忠实历史,我们以秦楚古道来命名传统所谓的武关道、蓝田道,既是对秦楚古道上所有亡魂的追怀,也是对屈原《楚辞》苦难灵魂的回望。

秦岭
文化地理书系

9 道汇长安：驿道与国都

在人类古代文明中，"驿道"即国道，为中央管理的国家级大道。"驿"又称置，也是驿传机构名称，是"乘马"（人骑）或"从马"（驮物）停留的车站，一般 30 里或 50 里一置（《中国古代道路交通史》）。"驿"、"从马"、马在古代社会的重要性和高贵性，看一下唐太宗墓前那闻名天下的昭陵六骏就够了。在战争年代，马既是将帅王侯的坐骑，也是军阵战车的动力。现代机械化时代，有一个表示能量单位的词："马力"，多么生动地体现了马在人类古代文明中的伟大作用啊！"驿道"即国道，同样显示出了马在古代道路交通上的突出地位。与马有关构成整体的车，叫做"乘"，是国家力量的尺度和象征，所谓"千乘之国，万乘之君"是也。秦岭古道，在周秦汉唐一直是驿道，即国道。秦岭古道作为驿道，与长安国都的历史紧密相连。栈道则是秦岭古道的特殊形制：

这处栈道遗迹的突出特点是底孔高度密集，与一个壁孔相对，或可凿有十数个底孔。底孔多为圆形，直径不一，多为 15 至 30 厘米，应说明所插立木柱的材料规格不同。最下层的底孔有一种特殊的排列形式，即两两并列，这应是为了使这最长而承重最大的立柱直立不偏，在道上交行重车时亦不致折毁。从遗迹分布的形式分析，当时栈道的宽度，可达 5 米左右。

古栈道壁孔遗迹

这是王子今教授大约 30 年前考察蓝武古道的报告内容。"可达 5 米左右"的栈道宽度，帮助

我们具体解释了秦始皇作为"千古一帝"两次选择从秦岭蓝武古道幸驾的缘由。秦始皇,在他统治的十余年中,曾马不停蹄地"亲巡天下,周览远方",史称五次巡游。在这五次巡游中,有两次经过武关道。秦始皇二十八年(前219年),秦始皇第二次向东方和南方巡游,又经南阳郡至武关而回归咸阳。秦始皇三十六年(前211年),秦始皇第五次(也是最后一次)出外巡游。据文献记载:秦始皇每次出巡时,都有隆重仪仗。秦始皇两次通行蓝武古道的车驾,史书缺乏具体资料。其档次和品级,至少不会在秦俑铜车马之下吧。秦陵二号铜车为单辕,辕通常246厘米,径围20厘米。辕体中空,内有泥芯。两轮,每轮30辐。舆箱呈"凸"字形,分前后两室,通常124厘米,最宽处78厘米。前室很小,呈方形,其间仅容御官一人坐御。后室较大,为乘主席位,其间可坐可卧。舆箱上有穹庐式车盖,犹如草原牧民毡包。舆箱四墙开有窗户,两侧为可以左右开合的推窗。前墙为可以上下启闭的支窗。后墙有门户,户扉右侧与车墙有活铰相连,左侧车墙上装有"拐"形门栓。其形制与今日汽车门的装置原理相同。这种铜车有户有窗,冬暖夏凉,考古学家认为可能就是仿制的辒辌车。其工艺被专家以巧夺天工、精美绝伦称之,无愧于"国家一号"。

　　秦岭蓝武古道上著名的桥,有蓝桥和灞桥。蓝桥已经成为爱情与事业的象征,李白等大诗人皆有歌唱。我们说说灞桥。灞桥是汉代关中的著名桥梁,其桥址位于今西安城东10多公里处。秦穆公时,就曾改滋水为灞水,并修灞桥。1957年将它改建为钢筋混凝土公路桥时,曾对桥墩、桥基进行了科学鉴定,发现桩木未朽、石墩牢固,河床护底完好无损,可以承受60吨坦克或载重卡车的重量。因此,仍用其石柱墩,并进行加固处理,至今通行无阻。梁式桥在中外桥梁工程上是使用历史最久的桥型。我国的石梁桥中,以福建的洛阳桥、安平桥和西安的灞桥堪称工程杰作。《唐六典》说:天下石柱桥有四座,洛阳的天津桥、永济桥和中桥,再就是长安的灞桥。

　　蓝武古道上的驿站阁厅又是什么样呢?秦朝资料欠缺,我们以唐朝为例,《唐会要》卷六一《馆驿》,贞元二年(786年)十二月敕节文:"从上都至汴州为大路驿,从上都至荆南为次路驿。知大路驿官,每一周年无败阙,兴减一选,仍任累计。次路驿官,二周年无败阙,兴减

一选,三周年减二选。"据此知武关驿路之重要,仅次于两都驿道,其他驿道不兴也。其山路崎岖,置驿密度往往高过每 30 里一驿之标准。柳宗元《馆驿使壁记》(《全唐文》卷五八〇):"于千里之内尤重。……自灞而南,至于蓝田,其驿六。其蔽曰商州,其关曰武关。""按蓝田县东南以蓝田关为境,去长安 170 里。置驿六者,灞桥驿、蓝田驿、青泥驿、韩公堆驿、蓝桥驿、蓝溪驿,并详后文。平均驿距不到 30 里。"这是严耕望先生以毕生努力,于浩如烟海的文籍资料里,给我们还原出的秦岭蓝武古道的面貌和景观。《商洛地区交通志》《西安古代交通志》和学界个人著述皆受益匪浅,先生功德可谓无量。在严先生上述工作基础上,侯甬坚写道:

唐代典章规定每隔 30 里设一驿站,商洛道地势高亢,驿站间距里数多大于 30 里,因文献记载不完备,沿线驿站已不很清楚。今据严耕望先生《唐蓝田武关道驿程考》的详细考订,可知由长安经商州、南阳、邓州至襄阳共有 233 处驿站,站名和间距大多数已研究清楚,现将各项内容汇为《唐代商洛道驿站设置表》:

秦直道遗迹

唐代商洛道驿站设置表

站名	上距长安里数	间距（里）	站名	上距长安里数	间距（里）
霸桥驿	25		棣华驿	370	20
蓝田驿	55	30	桃花驿	430	60
青泥驿	80	25	桐树馆驿	445~455？	15~25？
韩公堆驿	105	25	（层峰驿）	—	—
蓝桥驿	120	15	武关驿	480	25~35
蓝溪驿	140~150？	20~30？	青云驿	510？	30？
（蓝田关）	170	—	阳城驿	—	—
北川驿	215	65~75？	（富水驿）	—	—
安山驿	245	30	商於驿	—	—
仙娥驿	285	40	临湍驿	865	
商　州	300	15	官军驿	905	40
四皓驿	305？	5？	曲河驿	970~980	65~75
洛源驿	350？	45？	南阳驿	1000~1110	30

稍览上表，蓝武古道上各驿站距离国都长安的远近里数，各个驿站之间的驿距一目了然，非常清楚。但他却写道："唐代典章规定每隔30里设一驿站，商洛道地势高亢，驿站间距里数多大于30里。"这显然既与自己上述表中的数据不符，也和严耕望先生《唐蓝田武关道驿程考》的相关叙述有悖。严先生的相关叙述是："以其山路崎岖，置驿密度往往高过30里一驿之标准"，"平均驿距不到30里"。资料依据完全一样，侯甬坚先生与严耕望先生的结论却相反。看来，可能是甬坚先生将严老文中的"置驿密度"理解错了。"置驿密度高"，意味着驿站的间距小，而不是相反。严先生"平均驿距不到30里"和甬坚先生的表相符合，也十分正确。

如果说这是个人理解有误的话，那么国家级的《中国古代道路交通史》有如下叙述，则似乎源自"偏见"。在论述《隋唐道路交通的振兴》时，作者写道："据《新唐书》……秦岭南北的谷道，驿间的距离都比较长。"作者没有写出自己所得结论的资料文献和具体依据，却显然与严耕望先生的研究结论相反。至少从秦岭蓝武古道的情况看，"秦岭南北的谷

道,驿间的距离都比较长"中的"都",深值商榷。除了将秦岭古道驿距"拉长"外,《中国古代道路交通史》还将秦岭古道的京畿中心位置严重边缘化,划归"边远山区"。子午道北口,一派皇家园林。蓝武道为国家第二大道,唐太宗都能够"望终南山"。唐朝驿道有六个上关,秦岭古道占其二:大散关与蓝田关。褒斜道的褒城驿,时人谓之"天下第一驿"。阿房宫"东西五百步,南北五十丈,上可以坐万人,下可以建五丈旗。周驰为阁道,自殿下直抵南山。表南山之巅以为阙,为复道。自阿房渡渭,属之咸阳,以象天极,阁道绝汉抵营室也。"(《史记·秦始皇本纪》)阿房宫"自殿下直抵南山"了,《中国古代道路交通史》虽已经援引了,却还要把终南山、秦岭古道和"夜郎道""灵关道"相提并论,划归于"边远山区道路的扩展"题目谈论,岂不谬哉!

　　有意还是无意地淡忘关中长安的历史国都——千年古都地位,都会把秦岭古道的文化地理研究引向误区。脱离长安的历史国都地位,在秦岭古道的文化地理研究中,将"蜀道"概念泛化到荒唐地步者有之;将秦岭古道政治地理上的京畿位置,移地换形到"夜郎国"者有之;看不到秦岭驿道与长安国都的同一性,将秦岭栈道被碥道(所谓"土栈""石栈")取代,当做"生产力提高"者有之;缺乏现代人文地理眼光,将秦岭古道上世俗投机性的"终南捷径"和深沉超越性的"终南幽境"混同者,更有之。鉴于此,本册努力围绕"道汇长安"这一中心主题展开写作。

10 栈道时代与碥路时代

　　秦岭古道,在周秦汉唐时代,地处京畿,千年春秋,为国家置驿国道。五大古道,皆长期是国家驿道,几乎无不是"凌空飞架,栈道千里,长亭连短亭"。

　　栈道的确是秦岭古道的重要构成部分。据李之勤教授推算,在一些险岭路段,如北宋时期的凤州、剑阁段,约长 1 100 余里,有桥阁 9 万余间,每间以 3 米长计算,折合 27 万米,相当于 540 里,占这段驿路总长的 1/2。北宋时期的褒斜道南段 150 里中,《太平寰宇记》记载,共"有栈阁二千九百八十七间,险板阁二千八百九十三间",共计 5 800 余间,折合近 18 000 米,相当 35 里,占这段驿道的近 1/4。一般情况,栈道在道路总长中约占 10%~20%。这是秦蜀间秦岭、巴山地区山中谷道的特点。栈道和石门,是周秦汉唐京畿时代秦岭古道的两个象征,可称之为秦岭古道的栈道时代。宋代以后,国都东移,秦岭沦于西北偏远山区,秦岭古道除"连云道"外,全部失去驿道位置。王开先生在《宝鸡古代交通志》写道:

　　历史上赫赫有名的栈道,到元、明、清时期发生了质的变化,一少部分路段由木栈变为石栈,一大部分路段由栈道变为碥道。明、清时期栈阁的逐渐减少,土石路面的碥道日益增多,且最后几乎全部取代了栈道,这不但是道路建设的里程碑,也是人类社会生产工具演进,社会生产力发展变化和

秦函谷关
古道遗址

生产技术提高的见证。历史上多次记载复修栈道的工役。再加上战争破坏，抢修费时，给交通带来很大不便。所以，当社会生产力不断发展，技术不断提高，筑路的经验逐渐丰富以后，就学会削崖、砌崖，堑山堙谷，铺石填土，辟石筑路的本领，使栈道变为碥道。

任何事物，总是有它的两面性，利弊互存。栈道不但平直捷近，而且无论是木栈或石栈，路面上都没泥泞之害，但碥道是土石踏基，路面下雨天不免有泥泞之苦。而总的说来，碥路优于栈道。所以从唐代开始，就逐渐出现了以碥路代替栈道的趋势。

秦岭古道，从栈道时代向碥路时代的转变过程和历史阶段，王开先生的描述是基本准确的。然而对其原由的分析，却基本上是错的。秦岭古道的栈道时代与碥路时代的划分，是在唐朝。这一点，王开先生也看到了："从唐代开始，就逐渐出现了以碥路代替栈道的趋势。"秦岭古道的栈道时代与碥路时代，显然与长安是否为国都是相互对应的。这意味着，探讨秦岭古道的栈道时代与碥路时代的演变缘由，其基本的语境是政治因素和国都文化，而不是"社会生产力不断发展"。

首先，王开先生"待铁制工具出现后，人们就利用它凿孔为穴，在溪谷岩石壁立处架设栈道，这样，就可取捷径沿溪谷通行，避免爬山岭的辛劳"。此种论述，以"社会生产力"为招牌，面貌上是先进西学，于秦岭古道却大非。"待铁制工具出现后"，"栈道"修架只是出现了可能性，不等于现实性，更不等于必然性。秦岭古道上的凌空栈道，其历史现实性和逻辑必然性，显然源于京畿地位。同样是山间交通，秦岭古道上是凌空栈道，四川到云南的山区是"五尺道"（约 1 米宽），南岭五山是"新道"，即实用为主的"碥道"。

其次，退一步讲，宋朝"社会生产力不断发展"，长安刚一失去国都地位，秦岭古道就"使栈道变为碥道"了，巧吧！王开先生并没有给我们具体分析宋朝以后的"社会生产力"究竟比唐朝高在哪里。他只是说宋元明清"会削崖、砌崖，堑山堙谷，铺石填土，辟石筑路的本领"，就"使栈道变为碥道"了；就使得秦岭古道从周秦汉唐的栈道时代，"进步提升"到了碥路时代。唐朝昭陵六骏的高超石料加工技术自不说了，秦始皇都能把那么巨大的岩石从北山挪动到骊山，不是早就"会削崖、砌崖，堑山堙谷，铺石填土，辟石筑路的本领"了？就算宋元明清的"社会生产力"高

过了周秦汉唐，何必仍然要给已不是京畿的秦岭古道花费国家"血本"呢？秦岭栈道时代，分明是国家的血本投资！就说秦始皇吧，他的阿房宫"东西五百步，南北五十丈，上可以坐万人，下可以建五丈旗。周驰为阁道，自殿下直抵南山。表南山之巅以为阙，为复道。自阿房渡渭，属之咸阳，以象天极，阁道绝汉抵营室也。"（《史记·秦始皇本纪》）阿房宫"自殿下直抵南山"，阁道不仅修到南山，而且修进南山，这就是秦岭栈道的国都特权和投资结果。中国其他地方的高山峻岭，根本未出现豪华气派的"栈道"，皆是实用为主的"碥道"。

再退一步说，即便从实用眼光看，假定在秦岭古道的发展历史上，碥路代替栈道意味着进步和优越，然而，宋元明清的"社会生产力"也仅仅把连云道一个当做过驿道，其他的几个秦岭古道却不仅沦为间道，甚至完全荒塞，从国家视野消逝。其实，王开先生也写了："汉、唐时期，建都长安，国势鼎盛，在秦岭山区开辟了多条驿道，各有名称。元、明、清时期，建都北京，由关中入蜀，只有连云栈一条驿路，其他谷道，相形见绌，变为间道。"也许是被先进西学唬住了，在秦岭古道上，王先生走进"社会生产力"的碥路失去了方向。与其相反，严耕望先生一生坚持国史旧学，关于秦岭古道的"栈道时代与碥路时代"的鲜明对比，他在《蓝田武关驿道》写道：

此道在唐代，对于物资之运输，政治之控制，与公私之行旅，人文之沟通，皆具有极大之作用，中叶以后影响尤巨，不仅军事为重也。五代、北宋时代，政治中心东移汴、洛，此道始荒废，仅小商贾往往行之，远非唐代盛况之比矣。

"政治中心东移"，显然是秦岭古道"栈道时代与碥路时代"的分野和关键。

石门栈道

11 秦岭古道"三五之道"

小学生的主课有两门：语文与数学。语文让孩子们体会人生的事相性质，数学让其领会认知世界的计量方法。古希腊哲人柏拉图的观点是写在校园门外的："不懂数学者止步。"我国古代没这么绝对，但也不乏"阴阳五行""一阴一阳谓之道"和"道生一，一生二，二生三，三生万物"的思想学说。这种思想学说，被后世称之为"数术哲学"。在数术哲学中，有一非常基本的理念，谓之"三五之道"。杜甫《剑门》诗云：

> 惟天有设险，剑门天下壮。
>
> 连山抱西南，石角皆北向。
>
> 两崖崇墉倚，刻画城郭状。
>
> 一夫怒临关，百万未可傍。
>
> 珠玉走中原，岷峨气凄怆。
>
> 三皇五帝前，鸡犬各相放。
>
> 后王尚柔远，职贡道已丧。

剑门是秦岭古道的著名险关。由于剑门关的险峻，四川盆地的历史地理有别于华夏中原："三皇五帝前"，是"鸡犬各相放"的独立自然经济；"后王"——"三皇五帝""柔远"之后，才走上了"职贡"之道：向中原朝廷进贡巴蜀物产。秦岭古道即最主要的"职贡"之道。"三皇五帝"大家熟悉。"三皇"有几种说法：①燧人、伏羲、神农(《尚书大传》)；②伏羲、神农、黄帝(《古微书》)；③伏羲、女娲、神农(《风俗通义》)。"五帝"也有几种说法：①黄帝、颛顼、帝喾、尧、舜(《大戴礼记》)；②庖牺、神农、黄帝、尧、舜(《战国策》)；③太昊、炎帝、黄帝、少昊、颛顼(《吕氏春秋》)。具体人物虽变，但"三五"的理念不变，这就是数术之厉害处。"三皇五帝"是中国在夏朝以前出现在传说中的"帝王"。现在看来，他们都是部落首领，由于实力强大而成为部落联盟的领导者。秦始皇为表示其地位之崇高无比，采用三皇之"皇"、五帝之"帝"构成"皇帝"的称号。

"三皇五帝"之外，最大的"三五"就是"三山五岳"的地理概念了。《史记》载："齐人徐福等上书，言海中有三神山，名曰蓬莱、方丈、瀛洲。"五岳：泰山、华山、衡山、嵩山、恒山。三山五岳在中国虽不是最高的山，但都高耸在平原或盆地之上，这样也就显得格外险峻，是华夏中国政治文化空间的台柱(唐晓峰)。东、西、中三岳都位于黄河岸边，黄河是中华民族的摇篮，是华夏祖先最早定居的地方。西岳华山属于秦岭。秦岭也就一直在"三五"理念中构建和呼吸。除"三皇五帝""三山五岳"这些宏大的"三五"理念外，还有"三华聚顶""五气朝元"等等。在秦岭古道这一文化地理对象中，似乎也出现了一个"三五之道"的格局现象。这就是，在秦岭古道区域，秦岭北边有五大古道，分别是：秦蜀古道、褒斜古道、傥骆古道、子午古道和蓝武古道。秦岭南边，经过大巴山刚好是三大古道，分别是：最西边的金牛道、中间的米仓道和东边的荔枝道。最先明确表达秦岭"三五大道"的，是严耕望先生的《唐代交通图考》和史念海先生的《河山集》。严先生在《唐代交通图考》第三卷《秦岭仇池区》，系统列举秦岭通往关中的五大古道是："蓝田武关驿道、秦岭子午古道、秦岭傥骆古道、汉唐褒斜驿道和秦蜀陈仓金牛故道。"史念海先生在《河山集》第四卷，则明确阐述了秦岭巴山的三大古道："越过巴山的军事通道重要的有三条，西为金牛道，中为米仓道，东为荔枝道。"如果说严耕望先生在秦岭古道研究中，明确提出了秦岭北麓的"五道"，史念海先生在《河山集》提出了秦岭南坡的"三道"，给我们提供了秦岭"三五之道"的格局基础，那么，将之合在一起说的，则是杨东晨先生的《论交通道路是秦巴山区的命脉》。杨先生对秦岭通往巴山的三个古道，有以下论述内容：

剑门雄关

巴蜀富足，历为王朝或政权必争之地，而自古以来人们就不断探索翻越大巴山之路，后形成的道路与秦岭一样，大小道路较多，主要的有金牛道(在西)，米仓道(在中)和荔枝道(在东)三条。

1. 金牛道。《辞海》云："金牛道，即石牛道"，"古道路名"。它"自今陕西勉县西南行，越七盘岭入四川境，经朝天驿剑门关，是古代联系汉中和巴蜀的交通要道。相传战国秦惠文王欲伐蜀，因山道险阻，作五石牛，言能屎金，以欺蜀王；蜀王命五丁

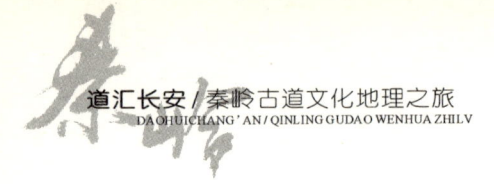

开道引之，秦军随而灭蜀。'石牛''金牛'由此得名。后代屡加修造，元明以后通称南栈，又名蜀栈。"其行经路线也曾有改动，从剑门前以南的一段，一般是经今四川绵阳、广汉到达成都的。《辞海》云："剑阁道，古道路名。在今四川剑阁县东北，大剑山、小剑山之间，'连山绝险，飞阁通衢'。三国时诸葛亮凿剑山，开设阁道三十里，为川、陕间主要通道。"

2. 米仓道。《辞海》云："米仓道，古道路名。自今陕西汉中市南，循汉水支流濂水谷道和嘉陵江支流巴江谷道，到四川巴中地区。因经米仓山（在今陕西汉中西南）得名。为汉中入四川的交通要道。东汉建安二十年（215年）张鲁为曹操所破，自南山入巴中，相传即由此道。南宋宝祐六年（1258年）蒙古军分三路入四川，一路即经此道。"由汉中至巴中后，再西行经阆中，由阆中向西就到达成都了。

3. 荔枝道。《舆地纪胜》卷一九〇《洋州》又引《洋州志》载："杨贵妃嗜生荔枝，诏驿自涪陵，由达州；取西乡，入子午谷，至长安，才三日，香色俱未变。"唐代诗人杜牧《过华清宫》云："一骑红尘妃子笑，无人知是荔枝来。"它由子午道南端（今汉中市洋县）子午镇向南延伸，经今汉中市西乡县、安康市镇安县，折而向西南经四川万源再至达州，进而到达重庆的涪陵，道名以运送鲜荔枝而得（四川达州是荔枝道的枢纽）。巴山的三条通道，南端各有所至，不尽相同，而巴山的各段，与秦岭的通道相似，均呈现出大体平行的状态。

巴山的三条通道：金牛道、米仓道和荔枝道，如前所述。秦岭的五条古道：秦蜀古道、褒斜古道、傥骆古道、子午古道和蓝武古道。以我们所见，严整的系统表达是在严耕望先生的《唐代交通图考》。而其萌芽甚为久远，可追溯到东汉《石门颂》。《石门颂》这样记述："高祖受命，兴于汉中。道由子午，出散入秦。建定帝位，以汉氏焉。后以子午，途路涩难。更随围谷，复通堂光。凡此四道，垓鬲尤艰。"其中的"凡此四道"，即秦岭古代交通中的秦蜀道、褒斜道、傥骆道、子午道。如果再加上秦岭最东边的蓝武古道，就是最早出现的秦岭五大交通要道。本册即在秦岭古道的"三五"格局框架下，描述秦岭古代交通的文化地理。"三五之道"，也就是我们对秦岭古道的最高领悟与概括。宋代张伯端《悟真篇》有云："三五一都三个字，古今明者实然稀"，意味"三五之道"，道理甚深。《史记·天官书》指出："为国者必贵三五。"唯愿我们能够在"三五"之相中，识得秦岭古代之"道"。

文化地理书系

秦岭

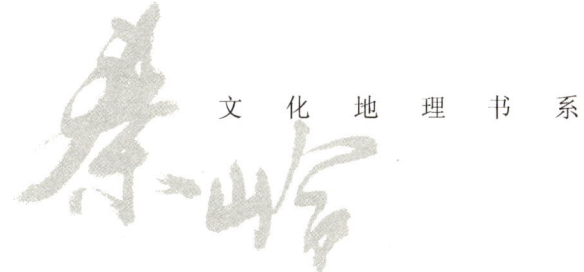

文 化 地 理 书 系

道汇长安/秦岭古道文化地理之旅

第二章／秦蜀古道鸟瞰

1 秦蜀古道：备忘录与数据库

围绕秦蜀古道发生的历史事件和与其有关的一系列数据组成了关于它的备忘录与数据库。无需多言，让我们从有关秦蜀古道的备忘录与数据库中去体会它的伟大。

1. 备忘录。名称：秦蜀古道。曾用名：蜀道（泛称），陈仓道（北段，北栈），金牛道（南段，南栈，又称剑阁道），故道（西周和春秋）。正名依据：陕西省简称秦，四川省简称蜀；此道穿越秦岭、巴山，最早连通陕川二省，历史上又曾以故道称呼，因此以秦蜀古道作为其正名。山路起讫位置：陕西宝鸡秦岭北麓益门镇，到四川绵阳巴山南麓大剑镇。古道历程：西周（前800年）到近代（1930年）公路出现。著名关隘：剑门关和大散关。知名驿站：三交城（益门镇），大散关、黄化驿、青泥驿、飞仙阁（以上北栈道），五盘岭（秦蜀分界），朝天岭、石柜阁、剑门关、大剑镇（以上南栈道）。有名典故：石牛粪金和五丁开关。历史人物：刘邦（帝），秦惠王（王），韩信（将），诸葛亮（相），司马相如、李白、苏轼（才了），褒姒、杨贵妃（佳人）。概括：美女英雄之道，历史文化之道，山川秀美之道，秦蜀天府之国道。

2. 数据库：西安与成都距离1 000多公里（据唐代杜佑《通典》和今《陕西省地图册》）。山路距离：宝鸡市和绵阳市为500公里，古道的曲度以3倍计算，则山间道路总长度在1 500公里左右。栈道比例：1/51与1/10之间；最多桥阁数：10万以上。栈道总长度近乎500公里（《战国策》："栈道千里，通于蜀汉，使天下皆畏秦。"）。古道宽度：1米至5米之间。战争平均频度：50年到100年有1战；孔明6出祁山，姜维9伐中原。重庆成为直辖市之前，四川省有1亿人口，多于法国和德国人口；陕西省有3 000万人口。宝成铁路：中国第一条电气化铁路，全长668公里；宝（鸡）广（原）段投资6.14亿元，每公里造价177万元。价值期望值："愈多愈善"（韩信），即无可限量区间。

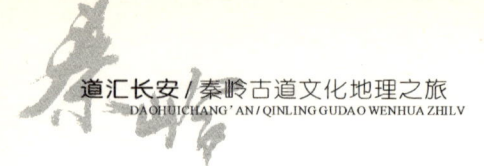
2 从蜀道走回来

秦蜀古道,曾简称蜀道。在秦蜀古道众多曾用名中,蜀道是影响最大、使用最为广泛的。蜀道命名的出现,历史悠久,源远流长。然而,其最重要的奠基者是李白及其《蜀道难》。因此,从蜀道走回来,首先意味着从李白的《蜀道难》走回来。

李白是盛唐诗人,长安是华夏国都。其《蜀道难》中的蜀道概念,首先是在盛唐环境与长安国都语境中出现的, 就像今天我们使用"陕西厅",是以人民大会堂与首都北京为环境与前提一样。离开特定的环境与背景,"蜀道"和"陕西厅"都将失去客观所指与意义。现在我们考察李白《蜀道难》的具体所指与含义。李白在《蜀道难》中,具体的地理概念有四个:"秦塞"(不与秦塞通人烟)、"太白"(西当太白有鸟道)、"青泥"(青泥何盘盘)、"剑阁"(剑阁峥嵘而崔嵬)。显然,《蜀道难》中的蜀道即秦蜀古道。其诗中的"地崩山摧壮士死",出典于"五丁开关",陕西宁强县今日有五丁关遗址。"青泥何盘盘"中的"青泥",在陕西甘肃的交界,指甘肃徽县的青泥岭。李白的朋友,另一位大诗人杜甫有《青泥岭》。李白《蜀道难》的具体地点很清楚,指秦蜀古道。其走向是从长安国都通往四川成都。他的诗中先出现太白山,接着是青泥岭,最后是剑阁关,目的地是四川成都,即诗中的"锦城"。从情感和精神意向上,他对蜀道之行是怀疑的、否定的:"锦城虽云乐,不如早还家"。李白的"早还家"首先就把我们从蜀道引了回来。此点,明代王士性在《广志绎》已经为"秦"开始了历史性平反:"栈道虽称川(四川),今实在陕(陕西)。"需要补充的是,秦蜀古道的主体乃一直在"陕西境",属于王朝地理学(唐晓峰)和国都政治地理的重要研究领域。

秦蜀古道,在明清两朝,称之为"连云栈道"。明清两朝的连云栈道名称,与南宋诗人陆游《剑南诗稿》的影响有关。陆游一生"匹马戎梁州",四次往返秦蜀古道,故命名其诗集为《剑南诗稿》。《剑南诗稿》有

文化地理书系
秦岭

"山横水掩路欲断,崔嵬可陟流可乱。春风桃李方漫漫,飞栈凌空又奇观",有"阑边归鹤如争捷,云表飞仙定可呼"(《风雨中过龙洞阁》),有"云栈屏山阅月游,马蹄初喜蹋梁州"(《归次汉中境上》),有"栈云寒欲雨,关柳暗知春"(《剑门关》)和"如今历尽风波恶,飞栈连云是坦途"(《秋晚思梁益旧游》),等等。其中的"飞栈连云是坦途"已经是"连云栈道"的命名预取。明清两朝的"连云栈道"有南栈道和北栈道区分,南栈道和北栈道的相分点是陕西宁强县。南栈道也叫金牛道或剑阁道,北栈道也叫陈仓道或散关道。金牛道得名于石牛粪金的历史传说,剑阁道源自川北著名的剑门关。陈仓道或散关道,"这条路的北端出口宝鸡市,古代称做陈仓县。陈仓县南的秦岭上有一座重要关隘——散关,所以,它也被称为陈仓道、散关道。还有人说,故道是由陈仓水和故道水二河谷所构成的,应称为陈仓故道"。

"连云栈道"、金牛道和陈仓道,相比而言都没有蜀道一名影响大。秦蜀古道,除了蜀道这一广泛流行、脍炙人口的曾用名外,第二个重要名称即"故道"概念。

"故道"一名,始见于西汉时期。《史记·高祖本纪》记述:"(汉元年)八月,汉王用韩信之计,从故道还,袭雍王章邯。"《史记·淮阴侯列传》也

山峦叠嶂
秦岭路

说:"八月,汉王举兵东出陈仓,定三秦。"故道之名,从历史文献角度看,首先出现在西汉《史记》。从现代考古角度看,故道被发现、开辟利用的历史却要更早。传世的"散氏盘",据考证是西周时期古散国的青铜器,古散国就在今宝鸡市的渭河南侧。盘上的铭文中已有"周道"一词。郦道元《水经注》关于宝鸡附近渭水支流汧水的记事中,又提到这里有个"周道谷"。据王国维考证,这个"周道"就是"故道"。可见至少在殷、周之际,故道已被人们开辟和利用了。近来有些中外学者认为故道的得名是与汉武帝元朔年间新修的褒斜道相对而言的。褒斜道为新修,故称这条古道为"故道"。这种说法并非全无道理,但褒斜道至迟在春秋战国时期即被人们所熟悉、利用,汉武帝时只是沿旧路凿通为驿栈道,并不是另开一条新路。所以,史书上并没有把褒斜道称为"新道"或"新路"。因而,说故道的得名是与褒斜道相对而言,理由不够充分。特别是作为县级行政治所的故道县(今陕西凤县、甘肃两当县),比汉武帝重开褒斜道的时间要早100年左右,无从对照。再说《史记·河渠书》记述汉武帝开褒斜道的原因之一,是"抵蜀从故道,多坂、回远"。这说明在汉武帝以前,故道已是入蜀的要道之一,因其绕道太远,又多山岭,故复修不翻大山的褒斜栈道。褒斜道复修前,已有"故道"之名了。

总体来看,"故道"一名虽始见于西汉,但它的开辟、利用,是早在周文王向西南方扩展的时期。近年在周原考古发掘中,见到有些甲骨文记述蜀与周有交往,交往之路虽未具体指出,但故道的可能性不能排除。另外,《汉书·礼乐志》记载:"至(汉)成帝时,犍为郡(今四川省宜宾市)于水滨,得古磬十六枚。"按古乐史,殷以磬为主,显然这组编磬是由殷地经蜀道传入蜀中的。在20世纪50年代和60年代初,四川新繁县水观音遗址、彭县竹瓦街广汉中兴古遗址中,先后发现殷、周的一批青铜器,也足以说明殷、周时代蜀周关中、中原的交往已相当密切。故道既然就是周道,也就意味着是周代通蜀之道(王开)。

秦蜀古道不单单是秦的故道,也是蜀的故道。从蜀道走回来,意味着从以"蜀"命名的片面性与历史惰性中走出来,意味着走向秦蜀共同的故道和文明共同的故乡。

3 《周易》与秦惠王的战略眼光

现代考古与古典文献皆表明,远在两周春秋时期,先民们已在今日陕西、甘肃与四川省之间的秦蜀古道上翻山越岭、南来北往、坚毅而行。然而,秦蜀古道真正走向历史与文明,应该还是在战国时代——前316年秦惠(文)王派司马错的伐蜀之战。

蜀作为以四川成都为中心的春秋大国,司马迁《史记·秦本纪》的最早记载是:"厉共公二年,蜀人来赂。""厉共公二年",为前475年。韩兆琦先生对"蜀人来赂"的评注写道:"蜀:古国名,国都即今四川成都市。赂:赠送财物。这是蜀与内地国家发生联系的最早的记载。"实际上,《尚书·牧誓》已经出现了蜀与周共同作战的内容。《尚书》出现的年代,学界认为下限是在战国时期。"厉共公二年,蜀人来赂",作为秦蜀"发生联系的最早的记载"应该没错。春秋时代,蜀国强大,与秦国有抗衡之举。在春秋年间蜀王杜宇氏时期(约为前670年前后),蜀国的北部疆界是"以褒斜为前门"。开明氏初期,也是蜀国最强盛的时期,有过"卢帝攻秦至雍"的事件。卢帝为开明氏二世,其势力已达到秦国都城附近。

秦厉公二年(前475年),以韩、赵、魏三家分晋为标志,进入了战国时期。《史记·秦本纪》记载:"秦厉公二年,蜀人来赂(进献贡物);二十六年(前451年)城南郑。"秦惠文王更元十三年(前312年),攻楚汉中,置汉中郡。这说明在战国前期,褒斜道曾是秦、蜀间友好往来之路,也是秦蜀、秦楚为争夺汉中而用做军事攻伐之路。秦惠文王称"王"前后(前325年称"王",更元九年<前316年>灭巴、蜀),今日汉中之地为秦蜀两国所分有,秦、蜀两王打猎曾会于谷中。在此之前,秦厉公二十六年(前451年),秦夺取楚国之南郑——今日陕南西部的汉中地区一带。这是史载秦国涉足秦岭之南的最早记录。此时,陕南东部(安康市以东)地区属楚国境。秦攻南郑所选择的秦岭古道不会在关中东部,最可能的路线是秦蜀古道。其一,相比于东边的褒斜道,秦蜀道(陈仓道)北陡南缓更为明

显。在沿今日宝鸡清姜河抵达大散关之后，即沿陕西、甘肃两省边境的嘉陵江直取汉中西边的略阳县，可东望南郑。其二，楚国的重心在南郑县以东，从秦蜀道（陈仓道）出兵有较大的战略隐蔽性与突击性。其三，秦人起家于甘肃成纪，陕甘边境地理之熟悉，无出其右者。据孙启祥研究，先秦的金牛道就在今日四川省青川县东北的白水关。楚国当时非常强大，《史记·秦本纪》记载"当是之时，楚霸，为会盟合诸侯"。然而，楚国之战略重心在河洛一带，是"逐鹿中原"的格局眼光。这就为秦国从故道伐蜀，既保留了较大的地理空间，也提供了战略空间。当时的秦国，在中原战区是有胜有败，甚至是胜少败多。而在秦岭陕南战场，"秦躁公二年（前441年），南郑叛秦"。南郑叛秦的主谋应该不是楚国，而是蜀国，"秦厉公二年，蜀人来赂"，"秦惠公十三年（前387年），蜀攻南郑"，"十三年，伐蜀，取南郑"。与东北方被"吴起占领秦之洛阴、合阳"及其他五城相比，秦国在西南方的军事态度要更为强硬、积极，秦惠公十三年，南郑刚刚丢失，同一年又"伐蜀，取南郑"。秦国在陈仓故道通往的西南巴蜀

春到宁强

战场,显示了最为积极强硬的国家姿态。

春秋时代,秦岭以南,非楚即蜀,秦国未有染指,甚至于蜀国"卢帝攻秦至雍",即宝鸡渭河流域。到了战国时代,秦国是"栈道千里,通于蜀汉,使天下皆畏秦",最后统一全中国。秦朝统一中国,完全有别于夏商周三代的一国取代另一国,它面对的是春秋乱邦和战国群雄。国家外交政策、政治步骤与战略选择极其关键。或者东北用兵,逐鹿中原,或者西南征战,攻取巴蜀,这是对秦国战略智慧最为关键的考验。《战国策》有《司马错与张仪争论于秦惠王前》,即秦国战略智慧的著名争论和关键记录。全文内容如下:

司马错与张仪争论于秦惠王前。司马错欲伐蜀,张仪曰:"不如伐韩。"王曰:"请闻其说。"

对曰:"亲魏善楚,下兵三川,塞轘辕、缑氏之口,当屯留之道,魏绝南阳,楚临南郑,秦攻新城、宜阳,以临二周之郊,诛周主之罪,侵楚、魏之地。周自知不救,九鼎宝器必出。据宝鼎,安图籍,挟天子以令天下,天下莫敢不听,此王业也。今夫蜀,西僻之国,而戎狄之伦也,弊兵劳众不足以成名,得其地不足以为利。臣闻'争名者于朝,争利者于市。'今三川、周室,天下之市朝也。而王不争焉,顾争于戎狄,去王业远矣。"

司马错曰:"不然,臣闻之:'欲富国者,务广其地;欲强兵者,务富其民;欲王者,务博其德。三资者备,而王随之矣。今王之地小民贫,故臣愿从事于易。夫蜀,西僻之国也,而戎狄之长,而有桀、纣之乱。以秦攻之,譬如使豺狼逐群羊也。取其地,足以广国也;得其财,足以富民;缮兵,不伤众,而彼已服矣。故拔一国,而天下不以为暴;利尽西海,诸侯不以为贪。是我一举而名实两副,而又有禁暴正乱之名。今攻韩劫天子,恶名也,而未必利也,又有不义之名,而攻天下之所不欲,危!臣请谒其故:周,天下之宗室也;齐、韩,周之与国也。周自知失九鼎,韩自知亡三川,则必将二国并力合谋,以因于齐、赵,而求解乎楚、魏。以鼎与楚,以地与魏,王不能禁。此臣所谓'危',不如伐蜀之完也。"惠王曰:"善!寡人听子。"

卒起兵伐蜀,十月取之,遂定蜀。蜀主更号为侯,而使陈庄相蜀。蜀既属,秦益强富厚,轻诸侯。

此重大战略选择事件,司马迁《史记·张仪列传》也有记载。历史事

实表明,秦惠王的战略眼光异常高明,完全正确。秦厉公二年(前475年),以韩、赵、魏三家分晋为标志,战国群雄,逐鹿中原,混战一起;秦国却着力西南一隅,选择了秦蜀古道,攻取巴蜀成功。我们不知道秦惠王作出战略决定的具体过程,但他阅读过《周易》则可以完全肯定。《周易·坤卦》占卜曰:"君子有攸往,先迷后得,主利。西南得朋。"秦惠王对此彻悟,心明眼亮。秦蜀通道乃周人故道,也是华夏一统之道。问题解决了:西南巴蜀,即秦国的战略抉择。前451年,秦厉公夺取楚国之南郑,与前316年,秦惠王派司马错伐蜀,都是秦蜀古道的重大标志性事件。伐蜀的成功,不仅使秦国在西南方无后顾之忧,且获得了巴蜀丰富的经济资源,成为一个军事力量与经济基础都更为强大与平衡的秦国——这就是由于秦蜀古道,而奠基形成的!不久,秦循此古道进兵灭蜀,兼灭苴巴。秦惠文王之后,经秦武王至秦昭襄王。昭襄王四十一年(前266年)用范雎为相。这一期间,秦国把巴蜀作为经营云南、贵州和进攻楚国以及与东方各国争霸的基地,因而对修凿联系首都咸阳和汉中、成都间的秦蜀通道则不遗余力。从前316年秦惠文王灭巴蜀,到范雎相秦昭襄王的末年(前250年),不过66年。范雎相秦不过十余年,《战国策·秦策三》记述就用"今君相秦……栈道千里,通于蜀汉,使天下皆畏秦"。

没有秦蜀古道,其他的秦岭古道可能只是普通的高山间道,而不会是辉煌的秦岭古道。没有秦蜀古道,可能不会有长安京畿文明,历史完全可能重写。秦蜀古道在华夏历史文明,真正成了立国之道、战略之道和奇迹之道。

4 驿程和驿站

  秦蜀古道的北段一般被称为陈仓散关道,南段为金牛剑阁道;南北段的转换枢纽是今日汉中宁强县。对于秦蜀古道的南北路段,严耕望先生分别有《金牛成都驿道》和《通典所记汉中通秦川驿道》——副题即"散关凤兴汉中道",已经点明了秦蜀古道(北段)陈仓道的驿程面貌。秦蜀古道(北段陈仓道)北端,即由今日宝鸡市(古之陈仓)出发,沿着清姜河谷往南,中经大散关、凤县、略阳县(古之兴州),从略阳县东折到汉中市。如果前往四川成都,则无需东折,而是径直南下,即踏上秦蜀古道的南段金牛道。金牛道因金牛县(今日宁强县)和石牛粪金的传说而得名。

  秦岭古道,资料既缺又语焉不详。赖严耕望先生披阅群书,流沙澄金,我们得以一览秦蜀古道的大致芳容。从宝鸡启程到达唐代金牛县(今日宁强县),大约经过陈仓驿、大散关、青泥驿、飞仙阁等20个驿站和关镇。宝鸡陈仓驿是秦蜀古道的北段起点。陈仓,古称西虢,是周秦文化的发祥地。周文王母弟虢仲在此封地西虢,前687年秦武公设虢县,前361年秦孝公设陈仓县,唐肃宗至德二年(757年)因闻陈仓山有"石鸡啼鸣"之祥瑞,改称宝鸡县。今日宝鸡县划归宝鸡市陈仓区。陈仓即宝鸡市古称。从宝鸡市区姜城堡南行5公里,到达唐代三交城,即现在的益门镇。古代四川地区曾被称为益州。益门者,即通往益州的门户。从益门镇,经过玉女潭、遵途驿大约40公里到达大散关。大

秀美宁强

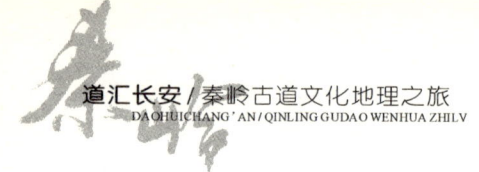
散关为秦蜀古道名关，为唐开元时期六上关之一。从大散关开始进入秦蜀古道的高山地段。大散关西南20多公里至黄牛岭，黄牛岭南为黄花岭，因盛产黄花得名，黄花岭距大散关约40公里。王维《青溪》诗云："言入黄花川，每逐青溪水。随山将万转，趣途无百里。声喧乱石中，色静深松里。"

从黄花岭中经唐仓驿，约30公里到达凤州治所梁泉县（今凤县）。凤县西临故道川，与大散关相距70公里，为秦蜀古道北段重镇。从凤县往东南褒斜道方向将近200公里，即廻车道，到达兴元府汉中市。从凤县往西南方向60公里为唐代河池县（今甘肃省徽县）。河池县南行13.5公里至青泥岭，即李白《蜀道难》"青泥何盘盘"之地，杜甫有《青泥岭》诗。又东南26.5公里至兴州长举县。长举县东南50公里是兴州顺正县（今略阳县）。从两当县（甘肃省）到兴州（陕西略阳县）150公里程，山岭高峻，栈阁4000余间。从兴州城往东17.5公里到飞仙阁，又7.5公里到分水岭，为唐代的秦蜀分水岭。李商隐吟《分水岭》诗中有云："水急愁无地，山深故有云。那通极目望，又作断肠分。"分水岭东30公里为百牢关（即阳平关），又东20公里为西县（今勉县），设有白马驿。西县东35公里到褒城驿，有"天下第一驿"美称。由褒城驿东行16.5公里到兴元府汉中市。从陈仓（宝鸡市）到宁强县（唐代金牛县），陈仓道全程大致450余公里。从百牢关（即阳平关）东去到汉中市，西南行25公里，中经蟠冢山至金牛县，秦蜀古道北段陈仓道结束，南段金牛道起程。

金牛道构成秦蜀古道的南段，起于汉中宁强，止于四川成都。金牛道的具体路线是：从陕西宁强县（唐代金牛县）出发，越七盘岭入四川境，经朝天驿，广元趋剑门关至成都。金牛道即明清连云栈道的南栈；着眼于四川境，金牛道又叫做剑阁道。我们把秦蜀古道南北段以陕西宁强县来划分，基于三个理由：其一，以宁强县来划分，相比于其他地方（如汉中市或南郑县），更能突出秦蜀古道连续南北的主干骨骼，免去枝蔓。其二，宁强县唐朝为金牛县，易于历史文献融通。其三，易与现代交通互释。秦蜀古道北端的陈仓道，相当于从宝鸡到宁强县境的宝成铁路，而南端的金牛道即相当于从宁强县开始至四川成都的108国道。另外，陕西宁强县，古为"宁羌"——让羌族同胞安宁之意；"宁羌"的取义，正标志着秦蜀古道南北民族融合的历史功能与意义。因此，我们以宁强县作

为秦蜀古道的南北两端——陈仓道与金牛道的分界标志。从陕西宁强县到四川成都市，金牛道与陈仓道的长度相若，全程大致也是450余公里。唐代刘禹锡《山南西道新修驿路记》（《全唐文》卷六〇六）云："自散关抵褒城，次舍十有五，牙门将贾黯董之；自褒而南，逾利州至于剑门，次舍十有七，同节度副使石文颖董之。"由今日陕西宁强县（金牛县）向西南行即唐代的入蜀大道——金牛道，或称剑阁道；具体驿站和驿称，严耕望先生在《金牛成都驿道》有详细考释。站在广元剑阁，可看到古道、铁道、国道公路与京昆高速重叠汇合：昔之咽喉天门，今之阔道天街，让人颇感人类文明的伟大进程！"棋盘关前，一直沿嘉陵江河谷前进，可以看见五道并行的奇观：宝成铁路、广汉高速、108国道、古金牛道、嘉陵江河道并排在一起，绵延近十公里，那光景，绝不亚于云南盐津豆沙关的五道并行！108国道虽然破旧了一点，但沿途可见千佛岩和明月峡古栈道。当年诸葛亮为了战争的需要，整修明月峡栈道，才有了六出祁山，北伐中原的故事。"

陆游《初入西州》诗云："自行剑关南，大道平如席。日高徐驾车，薄暮亦两驿。及兹山愈远，原野若加辟。"一旦通过广元市剑阁关，则丘山渐远，秦蜀古道便由古都长安直抵西南平原中心城市——天府之国的成都。宝成铁路，即陕西宝鸡与四川成都之间的铁路，是中国现代交通史上第一条电气化铁路。宝成铁路、川陕公路，基本上与秦蜀古道平行，蜿蜒群山一千多公里，伸展连通关中平原和西南世界。

葱郁秦岭

5 陕甘川边区之路

革命的价值目标和建设的价值目标很不一样，两者的地理概念也就完全有别。革命时期，党中央可以在延安驻扎13年；建设时期，这就变得几乎不可想象。对此重大区别，认识最早者是共和国的缔造者毛泽东。他从1949年离开延安，到1976年逝世，整整26年，从未再踏上延安的革命圣地。由此可见，革命时期的圣地和建设时期的福地，是多么不同啊！对此不同，国内学界最早的摸索者是唐晓峰教授（《毛泽东的革命地理》）。一直以来，人们对此缺乏理解，学理知识的把握更谈不上。陕甘宁边区稍往南，越过渭河，就是华夏文明的革命圣地和"总后方"：秦蜀古道！

陕甘宁边区是以红色延安为象征的革命基地与战略后方，其作用在毛泽东《给延安的同志们和陕、甘、宁边区的同胞们的一封信》中作了高度概括。在华夏历史文明的早期，实际上也存在着一个"陕甘川边区"的地理实体：周人的连蜀立国，与此有关；秦人的南下伐蜀，与此有关；唐朝的陇右集团，也与此有关。探讨秦蜀古道，离开陕甘川边区的特殊地理实体，难免误入歧途而找不到"北"。更有甚者，离开陕甘川的特殊边境形势，将"三点"弄成"两点一线"，继而以蜀独称——最终完全倒向以四川为中心的蜀境概念，使蜀国在两千年之后，终于对秦人获得一种胜利。重申陕甘川边境区域概念，是深入描述秦蜀古道的出发点，如同它是历史的出发点一样。在秦岭文化地理的秦蜀古道谈论中，强调"甘"——提出陕、甘、川边境概念，至少有以下根据：

首先，秦人祖先即起步于陕甘边境。司马迁写秦人祖先："中潏，在西戎，保西垂"，"非子居犬丘，好马及畜，善养息之"（《史记·秦本纪》）。现代考古发现的甘肃礼县大堡子秦王墓，对此已经完全证实。陕甘边境，即秦人革命的故乡和总后方。其二，陕甘边境处于农业文明（边境以东）和草原文明（边境以西）的分界线上，或曰：它就是两种文明的分界

和标志(史念海《河山集(九)》)。历史的演进即文明的融合,历史的业绩即文化的开放。秦国拥有关中之沃和成都之肥(农业优势),加上"好马及畜,善养息之"(牧业优势)的牧草气息,最终能够统一六国,看来也颇为符合文明综合的优势原理。其三,与农牧分界相对应,但不等同的:从政治和疆域眼光来看,这里长期(周秦)是"夷夏之界"——华夏西部边境。汉武帝时代虽然开拓出河西走廊和丝绸之路,但军事探险的色彩浓郁、文化心理的整合有限。从文化心理看,这里是"神文地理"和"人文地理"(唐晓峰)的西境分界。著名的穆天子和西王母就相会于此。从王朝地理看,秦人如何利用故乡(陇西南)的山川地理优势,史籍不详。然而,被后世广为宣扬的诸葛亮六出祁山,在很大程度上,其实就是在秦人的老家转悠,也自然不出秦人的用兵常法。《三国演义》中魏国将领邓艾奇袭蜀国成都的阴平道,也在这里。秦人深藏陇西,越过宝鸡峡,始为人知;击戎护周,方为世重。"秦王扫六合,虎视何雄哉"(李白《秦王扫六合》)——陇西"甘"的因素不容再小觑了!秦蜀古道中的"秦",应该有陇西之"甘"的草原气息和密集的马蹄声。其四,历史上的秦蜀古道,本来就一直沿着陇西边境延伸,千里梭巡。把秦蜀古道称为陕甘川边区之路,应该不是虚妄之议吧。

引人深思的是,毛泽东领导的红军"长征"的最后路线和归宿,即秦蜀古道——陕甘川边区之路。红一、红四方面军会师后,红军以北上建立川陕甘根据地为战略方针,中共中央决定将两个方面军混合编为左、右两路军过草地北上。中共中央随右路军跨过草地,抵达班佑、巴西地区。1935 年 8 月底,右路军一部在包座全歼国民党军第 49 师 5 000 余人,打开了向甘南前进的门户。毛泽东等于 9 月 10 日急率第一、第三军(后组成陕甘支队)继续北上,夺取腊子口,突破国民党军

宁强青木川
(陕甘川三
省交界处)

渭河封锁线，翻越六盘山，于 10 月 19 日到达陕北吴起镇（今吴旗县城），先期结束了长征。毛泽东主席写下了著名的《清平乐·六盘山》，其中的"望断南飞雁"，意味着长征的结束——陕甘川边区之路的结束，陕甘宁边区时代的开始，它以红军渡过渭河为标志。陕甘宁边区，正是周人的老家，正是周人取天下的根据地。牧野之战，周人打败了 7 倍于自己的殷商部队。毛泽东主席太熟悉历史了！站在"六盘山上高峰"，他已经胜券在握，成竹在胸："今日长缨在手，何时缚住苍龙？"一切只是时间问题。夕阳几度，在 21 世纪，处于建设时期的国家和中央政府，终于把战略眼光开始放到了"曾经是中共中央的所在地，曾经是中国人民解放斗争的总后方"——陕甘宁边区和陕甘川边区，明确提出了"天水—关中经济"一体化战略目标。这意味着，在现代社会，当年的革命圣地也会是建设福地。秦蜀古道加上陇东之"甘"，就不再仅仅是加上了一种荒凉背景，也增加了现代建设的宽度和厚度。

陕北吴起镇

6 金牛道及其传说

金牛道有狭义和广义两个概念。狭义金牛道,即以汉中至成都平原之间的某一段古道、栈道为金牛道。广义金牛道,即指汉中至成都的古道全程。明清时,南、北栈道的划分,使金牛道的方位完全"定格":金牛道即南栈道。清人顾祖禹《读史方舆纪要》卷五六的表述是:"金牛道,今之南栈。自沔县而西南至四川剑州之大剑关口,皆谓之金牛道,即秦惠王入蜀之路也。"

《辞海》和《中国历史地名辞典》都列有"石牛道"或"金牛道"词条,释文不尽相同,但关于金牛道的路线大体一致:自今陕西勉县西南行,经宁强县,越七盘岭入四川境,经朝天驿,广元趋剑门关至成都。按古地名来说,所经过的主要地方有西县、金牛驿、五丁关、宁州、七盘关、朝天驿、利州、葭萌、剑门关、涪城、雒县,大体即现在川陕公路的路线。金牛道的主线有过两次大的变动,它在先秦至南北朝、唐宋时期和元明清时代路线是不同的,主要是唐金牛驿至葭萌段的变化。

1.秦汉金牛道——经白水关之道。战国、秦汉时期,金牛道的路线殊难考究。史料表明,东汉至南北朝,蜀道是经过白水关的。白水关在今四川青川县东北白龙江右岸,白龙江古称白水,西汉于此筑城置县。《资治通鉴》卷四〇载,东汉建武二年(26年),割据四川的公孙述使将军侯丹开白水关,取南郑(今陕西汉中市东)。这是开白水关路的早期记载。尔后,建武六年(30年),刘秀诏隗嚣从天水伐蜀,嚣上言"白水险阻,剑阁败坏"以拖延。顺帝时,议郎李固经洛阳、汉中"出为广汉雒令,至白水关,解印绶,还汉中"。上述史实说明,自陇右、汉中入蜀均需经过白水关。《三国志》之《先主传》《庞统传》载,东汉末年,益州牧刘璋为自固,遣大将杨怀、高沛把守关头(即白水关),防御割据汉中的汉宁太守张鲁。而刘备随后设计杀死杨、高二人。建安二十三年(218年),刘备取汉中时很可能即越白水关而进军。进军时,"遣陈式等十余营绝马鸣阁道,(徐)

晃征破之……"对于马鸣阁道的地望,史家有不同观点。清《昭化县志》记为"今三堆镇",在今广元市西北、白龙江东岸。《中国历代战争史·刘备攻取汉中作战经过图》,亦将马鸣阁定位于此。进军的具体路线尚存疑问,不过刘备自汉中还成都时则十分明确是经过白水关。《三国志·蜀志·先主传》裴注引《典略》载:刘备为汉中王后还治成都,"起馆舍,筑亭障,从成都至白水关,四百余区"。蜀汉炎兴元年、魏景元四年(263年),魏将钟会"攻破关城",而蜀将姜维则"退趣白水,与蜀将张翼、廖化等合守剑阁拒会"。上述史料表明,白水关是东汉前后自汉中入蜀的必经之路,战略地位十分重要。一条道路的开发利用有一定的连续性,因而我们有理由相信,先秦、秦汉时的金牛道(故称秦汉金牛道)均经白水关。秦汉金牛道的路线是:自汉中勉县(古沔阳县、西县)西南行,经宁强县大安镇(古金牛驿)、阳平关(古阳安关、关城),从燕子砭(古青乌镇、除口戍)西南渡嘉陵江,由广坪、金蝉寺抵白水关,沿白龙江到昭化(古葭萌),清姜河西至沙溪坝,顺大剑溪峡谷上,越剑门关经武连驿抵梓潼,历绵阳(古涪城)、广汉(古雒城)至成都。此为金牛道最初的路线,亦即张仪、司马错攻蜀所行之道。

2.唐宋金牛道——循嘉陵江之道。这里的循嘉陵江指自今陕西宁强县阳平关沿嘉陵江一线行至广元。嘉陵江道与白水关道的区别是,自勉县、宁强大安至燕子砭后不渡嘉陵江西南行,而折南沿嘉陵江东岸直抵广元。此道广泛使用于唐宋,故称唐宋金牛道。但史料表明,三国两晋南北朝时此道即兴起。今广元市城北45公里嘉陵口东岸原有中唐所置筹笔驿,传为诸葛亮攻魏时驻军之地。唐人杜牧、李商隐、薛逢、薛能、罗隐等皆有题咏。孙樵《出蜀赋》写道:"昑山川而怀占,得筹笔于途说。指前峰之孤秀,传卧龙之余烈。"《舆地纪胜》卷一八四载:"筹笔驿,在绵谷县,去(利)州北九十九里,旧传诸葛武侯出师尝驻此。"说明唐宋时就有诸葛亮于此道中筹划军机之说,这是一。其二,两汉之前金牛道不经过现在的广元市区,这一带也没有县及其以上的行政建置。两汉以后置昭欢县(新编《广元县志》谓治所在今广元市)。东晋孝武帝时析晋寿县(今四川广元市西南昭化)东北境置兴安县(今四川广元);北魏时置西益州,西魏时改利州(今四川广元)。这些位于嘉陵江道的行政建置的设置,表明这一带的地理位置日趋重要。其三,两晋南北朝时,今四川成都、广元

至陕西宁强、汉中一带,战争频仍,必利用嘉陵江道。这是金牛道的第一次大改线。此路线成为唐宋 600 多年往来汉中、巴蜀间的主要路线。这条道路比秦汉金牛道便捷,但谷狭路险,工程浩大,只有在盛唐经济背景下才能实现(孙启祥)。

在唐宋金牛道(循嘉陵江)之后,明清时期的金牛道,选择了从宁强县五丁关通行。这一线路选择,倒把人们的思绪带回到了秦岭金牛道的美丽传说。金牛道的传说非常多,最著名者有两个:石牛粪金与五丁开关,其实两个传说有很深的逻辑关系。五丁关在宁强县宽川乡,国道108 线通过,东距汉中市 80 公里。春秋战国,秦惠王为征伐蜀国,向蜀王送能屙金之石牛,蜀王派五丁开辟路后被秦所灭。景区内有川陕道上的金牛峡,仰望天光一线,道路依山傍水,两岸奇峰如刀劈斧削,直插云霄。峰回路转,每疑路绝,真可谓一夫当关,万夫莫开之地。明朝薛宣《金牛峡》诗中道:"巨峡三十里,天开几万年。泉飞林杪雨,云合管中天。"公路盘桓而上,登五丁关之巅,举目四望,群山尽在脚下,绿浪万顷,郁郁葱葱。五丁关风景区谷深山雄,仄径盘云,幽涧涌雪,怪石嶙峋,相传为蜀道第一险。关上原竖有"五丁开关处"石碑一通,并有五丁庙。

相传,秦惠王和蜀王十世在秦蜀交界处邂逅相遇,秦王赠给蜀王一箱黄金,蜀王回赠给秦王许多珠宝珍奇。当秦惠王回宫后打开珍宝箱一看不禁愕然,原来带回来的珍宝都变成了泥土。秦惠王大怒。群臣奏道:"大王息怒!珍宝化土,这是上天要把蜀国土地赐给大王的预兆。"秦惠王听罢转怒为喜,就和群臣共谋取蜀良策。当时的主要困难是山高路险,加之秦国对蜀地不熟,无法进军。秦国就用石牛粪金的计策,既让贪财的蜀王派五丁壮士修了路,道义上还获得了讨伐蜀国的理由。唐代胡曾有诗云:"五丁不凿金牛道,秦惠何由得并吞。"(《咏史诗·金牛驿》)

"五丁关"另一传说是,秦惠文王许配五个女儿给蜀王,蜀王派五丁力士去迎娶。返回蜀国时,遇一大蛇钻入山洞,五丁力士拽住蛇尾想把它拽出山洞,结果山被拽塌,五丁力士及五位秦女都被大山压死。李白《蜀道难》中诗句:"地崩山摧壮士死,然后天梯石栈相钩连"说的就是这一传说。在石牛粪金与五丁开关两个传说里,黄金和美女都出现了,再加上壮士和暴力,可能就是它魅力深远的缘由吧。今日美国好莱坞大片,也无出金牛道的文化逻辑。

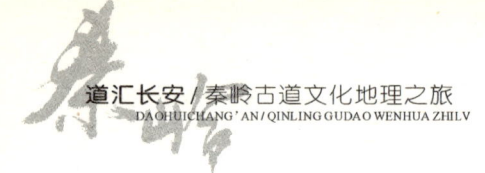
7 南北皆帝事

秦蜀古道,以汉中宁强为界,北为陈仓道(秦栈),南为金牛道(蜀栈)。如果我们站在秦岭主脊玉皇山一带来观察秦蜀古道,则可发现它是由北流的清姜河(黄河水系)与南淌的嘉陵江(长安水系)这两大河谷组成的。清姜河与嘉陵江都是炎帝神农的活动生息区域:清姜河之"姜"取自炎帝的姜姓;嘉陵江之"陵",即指炎帝灵寝之地。从这个角度看,秦蜀古道,可谓南北皆帝事。

秦蜀古道,从陈仓沿清姜河而上,经大散关至秦岭梁分水岭后,沿嘉陵江下行至故道(今凤县),经褒城到南郑(汉中)与金牛道相连接。陈仓道是古时长安到汉中最长也是比较平坦的一条道路,如今宝鸡到凤县的212省道,在凤县接316国道至汉中,基本上是沿古陈仓道而行的。从宝鸡市区到秦岭主梁海拔由600多米升到1 530米,长40公里的栈道就行走在清姜河畔。岁月的风风雨雨将古栈道的遗址湮没在历史的尘埃之中,茂密的树林灌木遮蔽了这里曾经发生的一切,只有残留在山崖上的槽孔,还顽强地记忆着古栈道上如织的人流、飞奔的战马和曾经的厮杀战斗场面。隋唐定都长安(今西安)后,汉中及四川成为大后方,陈仓道上运输繁忙,驿站也很多。清姜河,渭河的一级支流,长43公里,激荡着中华文明史长河中几多美丽的浪花。大约5 000年前,炎帝部落生息在今宝鸡一带。炎帝部落以宝鸡为中心,沿渭河向周边拓展。炎帝神农生于姜水,长于姜水,即今天的清姜河。炎帝在九龙泉沐浴后,头上牛角隐去,天资更加聪颖,后来成了姜氏部落的首领。炎帝教民制陶,始作耒耜,教民稼穑,被誉为农业之神。他还教民立日中为市,开创了原始贸易,可以说是市场经济的鼻祖,被誉为太阳之神。他还在天台山采药,尝百草,和药济世,发明原始医药,被誉为医药之神。后炎帝部落一部分南迁,一部分留在黄河流域。早在唐朝时期,姜水流域就有神农庙、炎帝祠等。现在清姜河右岸的常羊山上,筑有炎帝陵,供炎黄子孙

祭奠拜祖(常崇信)。

　　嘉陵江与炎帝神农的渊源关系,唐群在《炎帝和炎帝陵》有翔实叙述。嘉陵江发源自秦岭南麓之陕西凤县境内的天台山,是汇入长江的重要支流之一,全长1 119公里。天台山因传说是炎帝神农氏升天之台而得名,天台山有炎帝之陵,故曰嘉陵。滔滔嘉陵江,从千里之外逶迤而来,到北碚形成著名的嘉陵江小三峡,一道美丽的拐弯,绕城而过,拐出一座玲珑小城,也拐出一所美丽的大学来。山因水而幽,水因山而秀,山水相依,集流成河。"子在川上曰:逝者如斯夫?"河流因此而表达了一种文化与自然、人伦与时空的依存关系。为什么说长江黄河是中华民族的母亲河,道理即在于此。嘉陵江在重庆朝天门处汇入长江时,有一个明显而奇特的景观:清澈处为嘉陵江,浑浊处为长江。其原因很大程度上得益于嘉陵江在缙云、北碚一段涵养的林泉之清澈与润和。从秦蜀古道和嘉陵江道的关系看,四川广元市是一个转折点:广元市以北,秦蜀古道和嘉陵江道大体上平行依偎;广元市以南,秦蜀古道西南向通向成都,嘉陵江道东南向流到重庆。一些学者认为,"炎帝神农诞生在茶树生长的秦岭之南",正如《帝王世纪》所云:"神农氏,姜姓也,母曰任姒,有娇氏女,登为少典妃,游华阳,有神龙首,感生炎帝。人生牛首,长于姜水。有圣德,以火德王,故号炎帝。"著名茶史专家朱自振先生根据神农氏的活动范围探讨茶的起源,认为神农这个氏族或部落最早可能生息在川东和鄂西山区(梁中效)。无论成都还是重庆,其与炎帝神农文明的久远关系,完全可以肯定。

　　张春生先生《山海经研究》一书,也将岷江下游的四川宜宾市作为炎帝的初居地,可谓创见异举。从文明撒播学看,这也不是没有可能。如果从秦蜀古道这一历史文明的大通道来看,炎帝在嘉陵江下游四川南充市留下踪迹的可能,应该要大于岷江下游的宜宾市。至于炎帝部落在秦蜀古道的迁徙路线,是普遍公认的先清姜河流域,后嘉陵江流域,还是如张春生先生认为的先秦岭之南后秦岭之北,鉴于现有文献的有限性,自然仁智各有其据。如果从新的考古资料看,则先北而南的传统观点更为合理(《栈道历史研究与3S技术应用》)。

　　史党社和周振鹤在《故道的早期历史》中,通过一种特殊陶器——尖底罐,在"强国墓(宝鸡)—凤县—城固—重庆忠县—巫山"的分布,得

出巴蜀文明从秦岭古道北上流布的研究结论。并且推测,此种秦蜀古道尖底罐遗址的分布,与盐的生产有关,"应该属于一种意识的传播……而不是器物的直接扩散"。此种具有巴蜀文化特色的尖底罐,其北端的分布,在古道口的弦国基地戛然而止,在关中及其以外的地方没有分布。尖底罐陶器的功用,作者推测是与盐的生产有关。从尖底罐来自于重庆峡江地区看,则可能与巫文化及其生殖意识有关。重庆峡江地区,今有巫山县、巫溪县,有举世闻名的巫峡。《山海经》和《路史》都记载有,孟涂在巴做巫教主的内容。巫文化的一个特殊现象,即生殖崇拜,后世概括的"巫山云雨"即是。"还有尖底杯……流行年代为商代后期至西汉初期。"(《栈道历史研究与3S技术应用》)《汉书·地理志》:"巴、蜀、广汉本南夷,秦并以为郡,土地肥美,有江水沃野。民食稻鱼,亡凶年忧,俗不愁苦,而轻易淫泆。"西汉自董仲舒"罢黜百家,独尊儒术",提倡"乐而不淫"以来,与淫乐有源的尖底杯遂于西汉告别历史,理固宜然。

作为西汉尖底杯的祖源,重庆市忠县发掘出土的大量尖底罐之所以也在古道口的宝鸡蒙峪、茹家沟一带停止传播,也源于巴巫的生殖意识(尖底罐)无法面对关中高度发达的生产意识(彩陶盆)和天地意识(三足鼎)。宝鸡秦岭有天台山和炎帝嘉陵,文明道德已经是天人关系而非巫山的男女关系,已经是崆峒山问道和炎帝神农的仁爱德音;尖底罐散发的巫乐气息,已无播散空间。战国《庄子·盗直》指出:"神农之世,卧则居居,起则于于。民知其母,不知其父,与麋鹿共处,耕而食,织而衣,无有相害之心,此至德之隆也。"

除了儒家文化的排斥外,神农文明的仁爱也无疑超越了"巫山的具象生殖崇拜"。以尖底罐器物为代表的巴巫生殖文明,越巴山、穿秦岭,在秦岭古道北口的弦国便安息了。其对秦蜀古道开辟的作用,巨大宛然。而以炎帝神农为领袖的关中文明更为发达强大,从清姜河到嘉陵江,从宝鸡天台山到湖北神农架,沿着秦岭古道——包括秦蜀古道,广泛传播。秦岭南北,古道上空,炎帝德音,千古流响。秦蜀古道,从关中宝鸡到四川成都,南北皆帝事。对于寻找心灵故乡的现代人,秦蜀古道上的神农精神具有特别意义。

8 秋风大散关

秦蜀古道的北口是益门镇与清姜河入渭口。从清姜河入渭口向南，川陕公路先沿清姜河东岸，后沿西岸，不到10公里，一条宽不过50米的峡谷口便映入眼帘，这就是著名的"大散关"。大散关，也称散关，是关中四大关隘之一，大散关北界从二里关开始，南到秦岭梁，清姜河在峡谷中流淌，川陕公路傍河穿谷而过。大散关两岸山峰耸立，层峦叠嶂。初夏时节层林翠绿，山花烂漫。关口处西侧是直如刀削的山峰，东侧山岩镌刻着国民政府交通部长赵祖康1936年开通川陕公路时书写的"古大散关"几个大字。大散关，山势险要，扼守在中国南北地理分界线的秦岭上，有川陕咽喉之说，是关中通往西南的要塞。历史上在大散关发生的战争就有70多次。前206年，刘邦"明修栈道，暗度陈仓"，自汉中由大散关到陈仓(今宝鸡市区)进长安。东汉建武元年(25年)，延岑引兵入散关至陈仓。228年，诸葛亮出散关围陈仓。南宋初年，名将吴玠与金兀术在此反复争夺(常崇信)。

陆游诗云："早岁那知世事艰？中原北望气如山。楼船夜雪瓜洲渡，铁马秋风大散关。塞上长城空自许，镜中衰鬓已先斑。出师一表真名世，千载谁堪伯仲间？"(《蜀相》)诗中，"楼船"指南宋战船。"瓜洲渡"又作瓜州，在今江苏扬州境内，长江北岸，大运河入长江处。绍兴三十一年(1161

大散关遗址

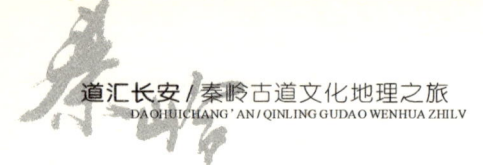
年)十一月,"金人犯瓜州……铁骑奄至江上"。"铁马"指铁甲的战马。"大散关",即秦蜀古道宝鸡西南的大散岭关隘上,也是当时宋金交界的关隘重镇。"楼船"二句写陆游早年的经历。"塞上"来自一个著名历史典故,南朝宋文帝时,名将檀道济因遭疑被杀,檀临死前脱帻投地说:"乃复坏汝万里长城!""出师一表",即三国时蜀相诸葛亮出师北伐曹魏前,给后主上奏章中述伐魏的决心,称为《出师表》。"伯仲间",伯仲,原指兄弟次第,长为伯,次为仲,后用以指相差不远的关系、地位或次序等。这句是说千载之下,有谁能与诸葛亮相比呢?就历史事实层面而言,诸葛亮兵出大散关,并未成功,然而其六出祁山,鞠躬尽瘁、死而后已的忠勇精神却是民族的希望所在。而南宋朝廷,偏安一隅,一战难求,冤杀英雄,才是陆游悲凉感叹的根本缘由。大散关对陆游来说,是军旅生涯的开始,是英雄壮志的展现之处,是对南宋朝廷的失望,是报国无门,壮志未酬的叹息。陆游在 85 岁临终前,仍不忘记统一中原大业,留下了"死去原知万事空,但悲不见九州同。王师北定中原日,家祭无忘告乃翁。"(《示儿》)如今的大散关,古代的关楼早已消失,只有当地村民为发展旅游业而构筑的关楼在山头上屹立着,川陕公路、宝成铁路从关楼旁通过,关隘的功能没有了,仅留下了供今人凭吊的遗存。站在新建的关楼上,北眺是美丽的山城宝鸡和如绸带般缠绕的清姜河水,南望是群山巍巍的秦岭和满目翠绿。

　　大散关得名于周朝封国名——散国。传世的"散氏盘",据考证属西周时期散国的贵族所有,古散国就在今宝鸡市的渭河南侧。盘上的铭文中已有"周道"一词。郦道元《水经注》关于宝鸡附近渭水支流扞水的记事中,又提到这里有个"周道谷"。据王国维考证,这个"周道"就是"故道"。散国约位于陕西宝鸡凤县一带,西北方与矢国为邻。由铭文内的人物推知,此盘的铸作年代约在西周厉王时期。散氏盘于清康熙年间于陕西凤翔出土,经多人收藏之后,于嘉庆十四年(1809 年),嘉庆皇帝 50 岁寿辰之际,由江南盐运使阿林保进贡内务府。经由内务府著名金石学家阮元鉴定为西周时期物品,并制作铭文拓片,收藏于内务府库房。早在商朝中期,青铜器上便已出现铭文,比甲骨文的时代还早。但是在西周之后,在铜器上铸刻铭文的风气才大大风行,举凡祭祀、战争、赏赐等大事,甚至是契约,都被记录在青铜器上。散氏盘的造型与纹饰均呈现出

西周晚期青铜器简约的风格,文字线条宛转灵动,是研究西周金文重要的材料。

　　"散氏盘"表明,至少在殷、周之际,故道已被人们开辟和利用了。故道既然就是周道,也就意味着是周代通蜀之道。散关就位于周代通蜀之道的咽喉上,是散国攻守之关。散国建立于散伯益(宜)。秦蜀古道北段,上有大散关,下有益门镇,莫非是散伯护佑的缘故吧。散伯公在秦岭之南,遇见美女购得良马,献给殷纣王,才救下西伯侯姬昌——周文王,开历史文明华章。而后代不才,国力甚微,被矢人欺负,才铸就"散氏盘"为证物。人类文明在"王"与"道"分离开之后,弱小的散国有"散氏盘"也无用啊。君不见秦国面对黑字白纸,不也把五百里城池赖成五里吗!加上秦人就在散关下起家。让人不由联想:在"散氏盘"铭文中,与散国发生严重冲突的矢国,可能就是秦的先人——"矢"者,弓发之箭,其射至"天"。历史表明,秦人也到达"天子"位。创立散国的散伯益呢:"伯益"与伯夷首先就难以分开,以散淡出世著称。在"王"与"道"尚未完全分离的禅让时代,散人还能够获得爵位("伯""爵"至今连称)。到了战国时代,散国先期灭亡,留下"秋风大散关",从陆游开始,让万世传诵。

铁马秋风大散关

9 峥嵘剑阁关

"胡尘轻拂建章台,圣主西巡蜀道来。剑壁门高五千丈,石为楼阁九天开"。(李白《上皇西巡南京歌十首》)盛唐立国,根据地理名胜,将王朝领土划分为十道,其中之一即剑南道。"剑",即指剑阁关或曰剑门关。剑阁关在华夏河山之驰名,由此可见一斑。千里蜀汉古道,北是大散关,南为剑阁关。明清连云栈道分为南栈道和北栈道,南栈即金牛道,也以剑阁道称之。剑阁关,可谓天设地造。首先,从广元市至剑阁县,大的宏观地貌即东西方向的大巴山与南北弧状排列的岷山间的狭长幽谷;或曰大巴山之坚硬与岷山之高峻,在剑门关相汇。剑阁关闻名天下,以至于为川蜀之代名词与象征。其次,从秦岭南坡而来的嘉陵江和白龙江穿峡而过,百年下切侵蚀,幽深触目。秦岭的水势,大巴山与岷山的高岭,共同构成剑阁关的宏观地理殊胜。特定的大剑山与小剑山将剑阁夹挤在中间,远势近形都使得四川剑阁成为险峻无比的天下名关。

唐太宗贞观初年,将天下以地理形势分为十道,剑南道为其一。剑南道,辖府一:成都,都护府一:保宁。州三十八、彭、蜀、汉、嘉、眉……剑阁关在唐朝首都长安之南,因叫剑南道。剑阁关政治军事地位之重要,有如严耕望先生之总结:"唐都长安,外御强敌,南恃剑南成都为支援;内有急难,又恃剑南成都为退避之内室。"剑阁关如此之重要与知名,金牛道也被叫做剑阁道(《栈道历史研究与 3S 技术应用》)。李白和杜甫均有剑门名诗:李白《蜀道难》有"剑阁峥嵘而崔嵬,一夫当关,万夫莫开"的歌唱;杜甫《闻官军收河南河北》有"剑外忽闻收蓟北,初闻涕泪满衣裳"的狂喜。"蓟北",今河北省北部一带,是安史之乱叛军的老巢。杜甫时在巴蜀,于是反观河南河北方向为"剑外"——剑门关之外。

757 年,大诗人李白用"胡尘轻拂建章台,圣主西巡蜀道来"安慰吾皇不久,在四川避过安史之乱、离蜀返回长安的路上,已是太上皇的李隆基也写了一首五律诗《幸蜀西至剑门》:"剑阁横云峻,銮舆出狩回。翠

屏千仞合,丹嶂五丁开。灌木萦旗转,仙云拂马来。乘时方在德,嗟尔勒铭才。"

当玄宗行到剑门关时,看到剑门之险和西晋张载剑门石刻后,有感而发。这个喜欢诗歌并以科举形式推动诗歌繁盛的皇帝,此时以诗的形式表达了自己复杂的情怀。诗先描写剑阁之高峻险要,高到云层之上,险到两壁千仞,笔法凌绝,然后笔锋突然转折,由写景色到发议论,这充分透露出作者跌宕起伏的心理反应。发轫于755年的安史之乱,如西风扫落叶般连下洛阳与长安,唐明皇狼狈入川以避灾难,但叛军缺乏德名,于757年迅速衰落,大唐的长安失而复得,明皇于是"銮舆出狩回",这怎么不给他留下深刻感慨呢?他写出"乘时方在德,嗟尔勒铭才"的句子是再自然不过了。一代帝王对自家王朝德政的自信,对叛军乏德的轻蔑溢于言表。当然这些也因张载石铭而发,张载《剑阁铭》最后两句道:"勒铭山阿,敢告梁益。"即:我今天在这里将我的《剑阁铭》铭刻山上,就是告诫梁州、益州的人们,不要以为山河险要就凭险造反,因为"凭阻作昏,鲜不败绩。公孙既灭,刘氏衔璧",我大晋的伟业就是明证。明皇的帝王逻辑思想自然与张载有强烈的共鸣。但其一"嗟"字,似乎露出他对自己以往作为的一丝自我反省:盛世已逝,贵妃已死,皇位已丢;剑阁关立于李隆基面前,显得要格外峥嵘崔嵬吧。

峥嵘剑阁关

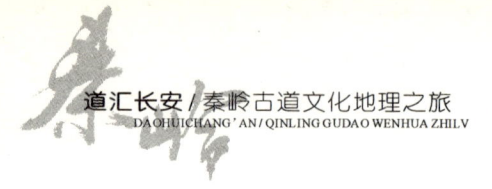
10 秦蜀茶马道

关于"茶马古道",学界认为是一条连接内地与西藏的仅供骡马、牦牛驮队行走的千年古道。其实,秦蜀古道才是历史最为悠远的一条"茶马古道"。

"茶马古道"一词没有明确的定义,但大体说来,它的出现源于古代中原与边疆的"茶马互市"。什么样的道路才可称得上是"茶马古道"呢?其要素有四点:其一,是一条古代开凿的交通要道;其二,这条古道上采用的运输方式是骡马、牦牛驮队或人背肩扛;其三,这条古道上主要流通的物资是茶叶和马匹;其四,这条古道出现与存在的背景是内地与少数民族之间的"茶马互市"。要说茶马互市,唐宋元明清,千余年里,最需要的还不是云贵川,而是陕甘青。《封氏闻见记》载:"(饮茶)今人溺之甚。穷日尽夜,殆成风俗,始自中地,流于塞外。往年回纥入朝,大驱名马,市茶而归。"这是我国历史上有关茶马互市的最早记载。明代熟悉西北茶马互市情况的杨一清也认为是"自唐世回纥入贡,已以马易茶"。吐蕃民族在唐人茶风的熏陶下,成为饮茶民族。开元年间(713—741 年)吐蕃与唐在赤岭(即今日月山,在青海省湟源县西)、陇州(辖今陕西千水流域和甘肃华亭县地,治所在今陕西陇县)等处互市,双方交换的物品主要是马匹、茶叶和绢帛等。唐代人陈陶在《陇西行》诗中写道:"自从贵主和亲后,一半胡风似汉家。"

这几条古道,在古代的茶叶贸易与流通中发挥了一定作用,特别是金牛道(石牛道)这条古栈道,在历代茶马交易中成为主干道,数额巨大的蜀茶源源不断地沿此道北运至陕西,然后用骡马驮、小车拉或脚夫背扛,运往朝廷设在陕西、甘肃和青海的茶马交易市场,换回朝廷所需的马匹。这是我们可以初步确认的连接川陕的一条北方的茶马古道(丁文)。

秦岭南坡的汉中市、四川省盛产茶叶,秦岭北麓的陇西一带出产骏

马。因之,唐宋以来,秦蜀古道成为中国最早繁荣的茶马古道。先说巴蜀之茶叶。中国是茶的故乡。巴蜀茶起源甚早。陆羽《茶经》云:"茶之为饮,发乎神农氏,闻于鲁周公。"神农接触茶叶奠定茶文化的基础,是从秦岭之南的巴蜀地区开始的。炎帝部落在这里首先发现茶的药用,进一步把茶当做了采食的对象。后来,他们西南的一支或后裔,分散到四川更广泛的地区生活,并且在茶的药用基础上首先发明了茶的饮用。"所以,我国饮茶和把茶叶的生产发展成为一个事业,不是北方而仍然是从四川开始的。"

在距今 3 000 年前的西周时期,巴国境内已经有人工茶园培植的茶叶,并且以贡品的方式献给周王室,可知巴蜀地区茶叶生产已达到一定的水平,茶的经济文化属性已经产生。到了战国时期,随着铁器的应用,栈道的修造,所谓"栈道千里,通于蜀汉,使天下皆畏秦"。茶开始以较大规模走出蜀道,进入中原更广阔的天地。顾炎武在《日知录》中说"自秦人取蜀而后,始有茗饮之事",是颇为精辟的论断。四川茶由南向北传播,正是沿着秦岭古道推进的。秦汉大一统时期,巴蜀与中原的经济文化联系更加密切,蜀道线成为茶事活动与茶文化传播的必经之地。从巴蜀走出的司马相如、扬雄、王褒,促进了茶风向京城长安的传播(梁中效)。唐代茶文化里,秦蜀古道的气息弥漫。

再看陇西的骏马景观。陇西是历史悠久的产马区。秦人起步于陇西。司马迁写秦人祖先:"中谲,在西戎,保西垂","非子居犬丘,好马及畜,善养息之"(《史记·秦本纪》)。秦始皇陵发现的铜车马,是秦人擅长养马御马的鲜明象征。"在古代,战争中马匹是不

茶马古道上的马队

可缺少的。秦汉时期在这方面也曾十分注意。当时人们说,凉州的马为天下最好的也是最多的。凉州就是现在的甘肃省和宁夏回族自治区。这里本是游牧地区,水草丰富,所以宜于养马。汉代在西、北两方面的边郡分设了36所养马苑,用官奴婢养马30万匹。在北地郡就有5个苑。西河郡有1个苑,就是上郡也有养马的苑。汉武帝元狩四年(前119年),汉军越过沙漠(指瀚海)进攻匈奴,共用马14万匹。这是汉与匈奴战争用马最多的一次(史念海)。唐皇祖籍是陇西成纪,即甘肃省天水市西南。受故乡祖风的熏染吧,唐人亦酷爱驾驭名马,例如秦王李世民,昭陵六骏——四匹"马"在陕西碑林博物馆,两匹"马"在美国宾西法尼亚大学,真正是驰骋天下,文化国宝。六骏是李世民在打江山时驰骋疆场所乘过的六匹骏马,他们都为大唐帝国的奠基立下了丰功伟绩。昭陵六骏是一组纪念碑式的浮雕,内容反映了真实的历史故事。鲁迅先生将六骏誉之为"前无古人"的杰作。

甘肃陇西北草原地区有众多的马群需要出售;秦岭南方的四川巴蜀有丰富的茶叶等待交易。汉代丝绸之路的开辟,为唐朝以后的茶马互市奠定了基础。"茶马互市"始于唐代,宋、明、清几朝定为"国策"。历史上的茶马互市有多大规模呢? 我们以南宋为例,李心传《建炎以来朝野杂记·蜀茶》云:绍兴元年(1131年)"今成都府、利州路上二十三处茶场,岁产二千一百二万斤。通博马物帛,岁收钱约二百四十九万三千缗","川、秦八场额市马一万二千九百九十四匹"。朝廷每年要从大西北和青藏地区少数民族那里换回 12 994 匹良马,以装备朝廷的军队,万余马匹要多少斤茶叶呢? 按每匹80斤的平均数,茶叶的流通量在百万斤以上。川陕间茶叶、马匹的往来,秦蜀古道——陈仓金牛道是必须选择的,也是无法绕过的必经之途。

"陇上千山汉节回,扫除民蟊不为灾。蜀茶总入诸蕃市,胡马常从万里来。"这是宋朝黄庭坚《叔父给事挽词》对茶马互市的诗意吟唱。连接四川和陇西两大茶马经济区的交通要道,就是秦蜀古道。天时地利人和,使得秦蜀古道在唐宋两朝成为闻名历史的茶马古道。

11 天府之国道

　　四川盆地为今日全国闻名的天府之国。关中平原在古代也以"天府"相称。关中地处陕西潼关以西到宝鸡市宝鸡峡以东的地区，即现在的西安市、铜川市、宝鸡市、咸阳市和渭南、杨凌一带。关中土地肥沃，河流纵横，气候温和，《史记》中称其为"金城千里""天府之国"和"四塞之国"。自西周起，先后有 13 个王朝在此建都，历时 1 100 多年。此外，中华文明的摇篮在黄河流域，而黄河文明的摇篮是在渭河流域，关中地区不仅是历史上最早称为"天府"的地方，也是历史上最早被称为"天府之国"的地方。《史记》记载，张良建议刘邦定都关中时说："夫关中左崤函，右陇蜀，沃野千里，……此所谓金城千里，天府之国。"成都平原被称为"天府"约在 208 年，诸葛亮所作的《隆中对》提到蜀地是"天府之土"，比关中称"天府"晚了 500 多年。而把四川称做"天府之国"最早见于陈子昂所写的文章中，此时已比关中称"天府之国"晚了 800 多年。从先秦到元明时期，关中地区都曾被称做"天府"或"天府之国"，但清代以后，再也没有人把关中地区与"天府之国"联系起来了。

　　《史记》中，西汉张良、娄敬向刘邦推荐长安为都城时，都说关中地区是"天府之国"。班固《汉书·地理志》也指出："关中……号为近蜀。""近蜀"者，指关中在土地之肥沃，物产之丰富方面，可与川蜀相提并论。这都是关中长安成为国都之后的评论，难免有溢美之嫌。可是，早在战国时代，《战国策·苏秦始将连横》就写道：

　　苏秦始将连横，说秦惠王曰："大王之国，西有巴、蜀、汉中之利，北有胡貉、代马之用，南有巫山、黔中之限，东有崤、函之固。田肥美，民殷富，战车万乘，奋击百万，沃野千里，蓄积饶多，地势形便，此所谓'天府'，天下之雄国也。"

　　连接关中与巴蜀的秦蜀古道，可称之为连接了两个天府之国的天府国道。长安和成都，是两个天府之国的皇冠明珠。唐之长安不仅是当

时中国第一大都市，也是世界第一大都市。唐代长安城的经济和文化发展得十分迅速。在盛唐年间，它已是当时世界上最大最繁华的国际大都市之一，人口约有 80 万。唐长安城的面积达 83.1 平方公里，按中轴对称布局，由外郭城、宫城和皇城组成。城内街道纵横交错，划分出 110 座里坊。此外还有东市、西市等大型工商业区和芙蓉园等人工园林。城市总体规划整齐，布局严整，堪称中国古代都城的典范。

唐代长安城平面呈长方形，东西长 9 721 米，南北宽 8 652 米，周长 36.7 公里。城墙宽 12 米左右，高 5 米多，全部用夯土建筑，城门处的墙段还砌有砖壁。长安城（外郭城）开 12 座城门，南面正中为明德门，东西分别为启夏门和安化门；东面正中为春明门，南北分别为延兴门和通化门；西面正中为金光门，南北分别为延平门和开远门；北面的中段和东段分别与宫城北墙和大明宫南墙重合，西段中为景耀门，东西分别为芳林门和光化门。除正门明德门有 5 个门道外，其余各门均为 3 个门道。据实测，明德门址东西长 55.5 米，南北长 17.5 米，每个门道宽 5 米。特别是明德门内的南北大街——朱雀大街，更是宽达 150 米至 155 米。唐长安城的形制是中国古代城市，尤其是都城建设的典范，历代有许多文人学士进行过考证和研究。

唐代是成都这座城市鼎盛和绚丽的时期。严耕望先生在《唐五代时期的成都》认为，由于唐末兵灾，在长安城毁坏的背景下，以秦岭为屏障的蜀府成都成为中国第一大中心城市，也成为唐王朝的庇护所。天宝十五年(756 年)，安史之乱期间，唐玄宗从秦蜀古道来成都避难。李白在《上皇西巡南京歌》描述这次"玄宗幸蜀"事件，用了一组花团锦簇的诗句。他说成都城的富丽繁华丝毫不比长安差。"万户千门入画图"，同时还有美丽的河流环绕这座城市，到处是鲜花绿树，"水绿天青不起尘"，气候又温暖如春，这对于饱含恐惧与伤痛的玄宗来说，可谓是不小的慰藉。唐代另一位大诗人杜甫，也有一首脍炙人口的绝句："两个黄鹂鸣翠柳，一行白鹭上青天。窗含西岭千秋雪，门泊东吴万里船"（《绝句》），就是对四川成都天然美景的真实写照。这首诗是杜甫在浣花溪畔的草堂中写成的，诗人既不是登高远眺，也不是刻意要试试自己的目力如何，而是很随意地坐在家里就看见了西岭的皑皑白雪。

唐代成都的城市人口数量约为 10 万户，60 万人。街道共有三四百

条,各类"坊"也有 120 个。季节性的专业市场有春天的茶市、夏天的扇市、秋天的药市等。这一时期,成都的造纸业、制瓷业和织锦、漆器闻名全国。唐朝政府曾经作出规定,凡各种公文和重要图书一律以益州麻纸书写,邛崃产的"邛三彩"——寓居成都的诗人杜甫曾经用手摸过,说它的质地像玉一样温润,胎底像霜雪一样洁白。近年的考古发现证实,唐代的成都城已开始规划和使用楠竹下水道。通过城门下面深深的车辙,我们也可以想见唐代成都的车水马龙和货物吞吐。其中许多的车马货物,都与秦蜀古道的驿站运输有关。

据专业学者估计,就建筑面积而言,唐长安城是当时世界名城伊拉克巴格达的 6 倍,是罗马拜占庭的 7 倍,为世界第一大都市,那么,四川成都应该就是当时世界上的第二大城市。如此,唐代秦蜀古道的意义大矣!其一,它是连接两个天府之国的天府国道。其二,它是连接当时世界上第一大城市国都长安,与第二大城市四川成都的核心城市交通要道。如果打个比方的话,它犹如今日美国华盛顿与纽约之间的道路,至少也是今日北京与上海之间的京沪道。

唐长安西市图([日]妹尾达彦)

12 杜甫的"蜀道难"

在唐代文明璀璨的诗歌星空,杜甫与李白是齐名的两大巨星,世称"李杜"。李白有著名的《蜀道难》,既描写了秦岭古道的殊绝险峻,也让"蜀道"独自夺取了秦蜀古道的历史名分,影响之巨,诚深且远矣。作为与李白齐名的伟大诗人,杜甫没有留下专门的《蜀道难》,却以二十四首"秦州蜀道诗",既表达了秦蜀古道的地理险阻,也表现了行旅之难——在地理险峻之"难"外,杜甫秦州蜀道诗,表现了李白《蜀道难》所没有的生活蕴涵和心灵深度。杜甫二十四首秦州蜀道诗,实为关于中国古道最伟大和最丰富的纪行诗。对于秦岭古道研究,其价值同样巨大!严耕望先生在《唐代交通图考》,以《杜工部秦州入蜀行程》专论之。唐代乾元二年(759年),杜甫时在甘肃天水(唐属秦州),从秦州西南略循藉水河谷上行至赤谷亭,约在今天天水市西南5公里,杜甫正式开始秦岭旅程。从赤谷亭南行30公里到铁堂峡,杜甫作有《赤谷》和《铁堂峡》诗。又西南入西汉水(嘉陵江)上源,约50公里至盐井,在今甘肃省礼县东边有盐官故城,杜甫有《盐井》诗。盐井西南10公里至祁山(今甘肃礼县东20公里,西和县北35公里),在西汉水北,即三国时代诸葛亮兵出祁山处。从秦州出发,杜甫写有《发秦州》,诗云:"我衰更懒拙,生事不自谋。无食问乐土,无衣思南州。……大哉乾坤内,吾道长悠悠。"

蜀道,在杜甫首先是"吾道长悠悠"的漂泊、无奈与失落。甘肃省祁山又西5公里至长道县(今礼县东南15公里),涉建安水(白水河)。建安河下游,有寒峡,杜甫有诗《寒峡》:"行迈日悄悄,山谷势多端。云门转绝岸,积阻霾天寒。寒硖不可度,我实衣裳单。况当仲冬交,溯沿增波澜。野人寻烟语,行子傍水餐。此生免荷殳,未敢辞路难。"建安水(白水河)是先秦古道路线。在冬季寒冷的峡谷,由于寻找烟火,杜甫遇到"野人"。杜甫蜀道,在这里开始出现"难"字。由建安水向东25公里,到成州治所上禄县(今甘肃西和县北或西北15公里)。由成州南行,经青阳峡(西和

县南)，极其险峻，杜甫有诗云"突兀犹趁人""南行道弥恶"。又南，经龙门镇，即石龛，杜甫写有诗《石龛》："熊罴哮我东，虎豹号我西。我后鬼长啸，我前狨又啼。天寒昏无日，山远道路迷。驱车石龛下，仲冬见虹霓。"

这个时候，秦岭古道上的杜甫，在自己所处的东西南(前)北(后)，不是熊罴哮，便是虎豹号。杜甫的蜀道，不是"四面楚歌"，而是"四面兽歌"，真是到了"惨绝人寰"的境地(萧涤非)。从石门又折东行至积草岭(甘肃成县西约50公里)，从积草岭通唐代鸣水县(今陕西略阳县西50公里)。从积草岭东行40公里至泥功山(今成县10公里)，杜甫有诗。泥功山又东10公里至同谷县(今成县治)，为蜀道出西北的秦陇要道，杜甫小住，有《乾元中寓居同谷县作歌七首》。其一写道："有客有客字子美，白头乱发垂过耳。岁拾橡栗随狙公，天寒日暮山谷里。中原无书归不得，手脚冻皴皮肉死。呜呼一歌兮歌已哀，悲风为我从天来。"我们不妨试着翻译一下："有个游子叫子美，满头蓬乱的头发盖过了耳朵。终日跟在猿猴后面，捡些橡树籽充饥。大冷天的山谷，已经看不到温暖的夕阳。中原音信不通，有家难回。手脚冻得开裂了，皮肉也坏死了。啊，第一首

金牛峡

歌唱起,已是悲伤不已。凄冷的寒风,漫天降到我的心上。"

唐诗研究大家萧涤非对此诗的注解是:"这是乾元二年十一月所作。这一年是杜甫行路最多的一年,所谓'一岁四行役',便是说的这一年。也是他一生中最苦的一年……真是到了'惨绝人寰'的境地,他采用七古这一体裁,大概也就是'长歌可以当哭'吧。"蜀道之于杜甫,已经是"长歌当哭""惨绝人寰",岂一个"难"字了得!最为痛苦的是,杜甫此时尚在秦岭北麓的深山同谷,还未翻越秦岭主脊。他的"蜀道",尚未过半。他的"同谷七歌",我们已经无法卒读!在同谷县(甘肃成县)人生中最为寒冷艰难的冬天,长歌当哭之后,杜甫踏上蜀道,继续南行。从同谷县出发时,杜甫写有《发同谷县》:"贤有不黔突,圣有不暖席。况我饥愚人,焉能尚安宅。始来兹山中,休驾喜地僻。奈何迫物累,一岁四行役。忡忡去绝境,杳杳更远适。停骖龙潭云,回首白崖石。临岐别数子,握手泪再滴。交情无旧深,穷老多惨戚。平生懒拙意,偶值栖遁迹。去住与愿违,仰惭林间翮。"

"去"不是,"住"也不是,秦岭古道的杜甫面临巨大的危机和绝境。"仰惭林间翮",面对鸟儿的愧心,显得是多么的深情美好啊。"握手泪再滴",让人为这位无比刚强的男儿心泪暗涌。人道的绝境与天道的险境,诗人的心路和秦岭古道的共契,成了杜甫千古绝唱的"蜀道难"。出发就是"绝境",还得"更远适",人生的苦难何乃似尔!杜甫以《发同谷县》中的"贤""圣"才有的勇敢坚毅,在隆冬,越秦岭,穿剑门,终于在春节时分到达成都,完成了他一生中的秦岭古道之旅。杜甫的"蜀道难",被认为是中国最伟大的纪行诗。杜甫则将自己的蜀道之旅,归之为"羁旅"——戴着镣铐跳舞,在监狱中的旅行。在秦岭古道的文化地理环境,我们普遍喜爱李白的《蜀道难》,其实杜甫的"蜀道难"更值得人们珍爱。

文 化 地 理 书 系

道汇长安/秦岭古道文化地理之旅

第三章／秦岭褒斜古道鸿影

南褒北斜：人文和自然

　　秦岭褒斜古道的南口，是今陕西汉中市汉台区的褒谷，北口是宝鸡眉县的斜谷，故称之为褒斜道。褒斜道南口的褒谷，现在修有石门水库，古址无以再睹。石门水库西南 2 公里处，是勉县的褒城镇，古褒城所在地。石门水库正北秦岭南坡，辟有褒河森林公园。石门水库、褒河森林公园皆因褒河而来。褒河全长 180 多公里，因褒姒和古褒国而命名。褒姒和古褒国的正史源出《史记》。《史记·周本纪》记载道："三年（前 779 年），幽王宠爱褒姒。"幽王的王后是申侯的女儿，也是太子宜臼的母亲。幽王因为非常宠爱褒姒，就想废掉申后和太子宜臼，好让褒姒当王后，让褒姒的儿子伯服做太子。周太史伯阳诵读历史典籍，感慨道："周朝就要灭亡啦。"褒姒不爱笑，幽王为了让她笑，用尽了各种办法，但她仍然不笑。周幽王时设有烽火狼烟和大鼓，有敌人来犯就点燃烽火。周幽王为了让褒姒笑，就点燃了烽火。诸侯见到烽火，全都赶来了，到了之后，却不见有敌寇，褒姒看了果然哈哈大笑。幽王很高兴，因而又多次点燃烽火，后来诸侯们都不再相信，也就渐渐不来了。结果真正当敌人入侵时，却没有诸侯前来支援，幽王与褒姒逃往骊山，西周灭亡。史称"烽火戏诸侯，幽王失天下"。《诗经·崧高》写道：

　　王遣申伯，路车乘马。"我图尔居，莫如南土。锡尔介圭，以作尔宝，往辺王舅，南土是保。"申伯信迈，王饯于郿，申伯还南，谢于诚归。

　　（周王赏给申伯华车与骏马；申伯啊，你最好的领地，还是秦岭之南。再赐你国宝般的玉圭，王舅申伯啊，秦岭南方就托付您啦！申伯慨然出发，在秦岭北麓的眉县，周王给他的王舅饯行。申伯到达秦岭南方，在自己富丽的城邑，深谢关中皇都的周王。）

　　《诗经·崧高》的重要性有三点：其一，它与眉县杨家村窖藏青铜器，可以完全证实《史记·周本纪》的真实性。其二，秦岭南北政治地理的重要性，得到生动体现。其三，秦岭南的褒姒和秦岭北的申伯，都是有关西

周王朝命运的重要人物。他们南来北往,取道秦岭褒斜古道,几乎毫无疑问。《诗经·崧高》中的"王饯于郿"与眉县杨家村窖藏青铜器,可以说是无与伦比的"强证"。褒姒和她的故乡古褒国,是历史的真实话剧和文明的璀璨篇章。国姿天香,千古冷美,唯秦岭褒斜道走来的褒姒女欤!

褒斜道北口宝鸡眉县的斜峪关,斜峪河全长71公里,因河谷逶迤碥斜而得名。由于秦岭北仰南俯的地理构造特征,一般而言,是北坡突翘短促,南坡绵延缓长。"山地主分水岭以主脊为界,北坡宽10~48公里,南坡宽40~140公里,呈北仰南俯形势。秦岭北侧有72峪,一般长度不超过40公里。发源于南侧的河流一般源远流长,多在50~100公里。"(《陕西省志·地理志》)据此推算,秦岭南坡河谷一般是秦岭北麓河谷长度的2~3倍左右。从秦岭古道沿循的几条河谷看,最东边的蓝武道,由北麓的灞河(上源是倒钩峪)与南坡的丹江构成:倒钩峪长35公里,丹江在商山的长度是150公里。最西边的秦蜀道,由北麓的清姜河与南坡的嘉陵江构成:清姜河长20公里,嘉陵江的山间长度至少有500公里。然而,在秦岭褒斜道,一般性的南长北短河谷原理,遭到严重"挑战",事情异常复杂:首先,由于褒斜二谷上源,有百里东西方向的川道。历史地理上,一般将此东西方向的百里川道计入斜峪长度,则北麓斜谷的长度就超过了南坡的褒谷。并且由于一度褒谷也被叫做斜谷的缘故,褒斜道历史上就叫做斜谷道。如果仅从自然地理眼光看,则南坡褒谷长约90公里,北麓斜谷长约80公里,两者长度相当。这有两大原由:其一,从地质构造讲,"秦岭是属于因地球自转速度变化所形成的纬向构造体系"(张国伟《秦岭造山带与大陆动力学》)。宏观上秦岭是东西向山脉,由于渭河断裂带,山体北倾,"仅在眉县石头河南倾"(张二朋)。秦岭西段在周至县与眉县交界处,严重向北偏折,偏斜度至少在15度左右。其二,整个秦岭的最高峰太白山即在斜峪之东。太白山高3767米,冰川地貌发达,新构造活动剧烈,斜谷上源左岸(北部)横亘着2243米高的青峰山和2160米高的石榴山。依据严耕望先生《唐代交通图考》与李之勤先生校准的《褒斜道北道图》,斜谷入口处在眉县齐镇,至衙岭(褒斜分水岭)已是太白县西;入口是107~40度,而衙岭是107~20度,向西"偏斜"了有30公里之多。正由于上源的东西流向,褒斜道也被称为"斜谷道"。

刘胤汉先生《秦岭水文地理》写道："石头河（斜谷）在杜家庄接纳由北向南流、源出青峰山南麓的大箭沟，始称洮川河，成为石头河的上游，呈东西流向；由于洮川的切割，形成太白山主峰以北的山间盆地。在构家峰至鹦鸽嘴之间，先后接纳来自太白山主峰以北的白云峡和山岔峡的支流，并由构家峰起流向变为南北向，流量增大，始称石头河，沿斜峪而下。"由于褒斜二谷在上源的东西流向，形成颇为壮观开阔的洮川（桃川）和龟川。两川之间，仅以低矮的五里坡（即"古衙岭"）相分。由于低矮，作为分水岭的五里坡被称为"衙岭"。作为分水岭，一水西流（褒谷）一水东流（斜谷），但东西构造的砭斜形势和整体格局，一气呵成，一目了然。这种砭斜形势和整体格局，使得"斜"字，在褒斜古道区域有了特别广泛的超越性命名。褒谷被叫过斜谷，褒斜道也叫斜谷道，甚至于宝鸡陈仓道也被以褒斜道称呼（唐代）。综合褒斜道的历史文献和自然地理，"斜谷"计有四意：①发源于青峰山南坡，从古"衙岭"（今五里坡）东流，在构家峰至鹦鸽嘴变为北流，长约50公里的秦岭北麓河谷，今日又叫做石头河。此为狭义的斜谷概念，亦即斜谷的纯粹自然地理含义。②狭义的斜谷概念，再加上今日太白县以东的东西向川道。此为地望意义上的斜谷概念。③受地望意义上的斜谷概念影响，将褒谷也归入斜谷，称褒斜道为斜谷道。"《三国志》记魏蜀用兵，提及斜谷道凡十二

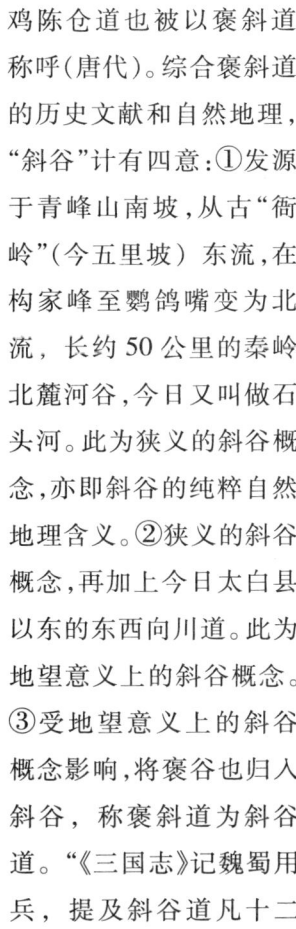

褒斜栈道

次,无一称褒斜者。"此为历史地理的斜谷概念。④受《三国志》等影响,唐代将陈仓散关道也纳入斜谷概念。此为历史地理的泛化斜谷概念。严耕望先生在《汉唐褒斜驿道》中屡屡出现"斜长褒短"的说法,让着眼于斜谷自然地理含义的学者大惑。其实严先生是在考释《水经注》《元和郡县志》诸史籍的语言环境,出现"足见斜谷长,而褒谷短"的评语。《水经注》《元和郡县志》诸史籍语境中的斜谷,往往就是地望意义下的斜谷概念。

秦岭古道,作为连通南北的古代交通,其大势也必然是穿越秦岭正脊的南北走向。由于太白山的高峻横陡,斜谷向南至鹦鸽镇5公里多地,即往西行20公里至太白县"古衙岭"一带。翻过古衙岭,继续向西15多公里,才又南下沿褒河达汉中。在不到150公里的山间谷道中,东西行程近乎50公里地!正由于此,斜谷才以"斜"命名,褒斜道才叫斜谷道;也许正由于此,研究古道历史地理中才出现了秦汉褒斜道与唐宋褒斜道的区分。

屈原《楚辞天问》:"妖夫曳炫,何号于市?周幽谁诛?焉得夫褒姒?"秦岭在地理学界,一向有南坡看自然、北麓听人文的说法。秦岭褒斜古道的命名,则与此正好相反:是"南人文北自然"。这当然是源于秦岭北麓自然造化在此造山之"斜",也更源于秦岭南坡的中国历史——在此深深触及着褒国民族之"心"。

2　秦汉褒斜古道

　　秦汉褒斜道有三义：①秦汉褒斜道即褒斜道——利用秦岭北麓斜谷与南坡褒谷的自然条件与天然形势，依据"循河而道"的古道普遍原理所修筑的秦岭古代交通道路。它北起宝鸡眉县斜谷（今石头河）口，南至今汉中汉台区与勉县交界的石门褒城。全长250余公里，《三国志》曹操有言："南郑直为天狱中，斜谷道为五百里石穴。"②秦汉褒斜道相对于盛唐褒斜道而言，后者将秦蜀古道的一部分也包括在"褒斜道"或"斜谷道"的名称之下。③秦汉褒斜道是一个历史地理的秦岭交通概念，有许多问题尚待确立与明证。

　　其一，"秦王扫六合，虎视何壮哉"；统一中国，必涉交通道路。秦之驰道，自古天下闻名。秦之直道，赖史念海先生和其他时贤，得以在埋没几千年后，终于露出尊容。独秦岭古道交通，虽同姓于"秦"，却秦音稀微。其二，《战国策·秦策三》已有"栈道千里，通于蜀汉，使天下皆畏秦"。《史记·秦本纪》也有"历共公二年，蜀人来赂"，"惠公十三年，伐蜀，取南郑"，"惠文君元年……蜀人来朝。九年，司马错伐蜀，灭之。……十四年，伐楚，取召陵。丹、梨臣，蜀相壮杀蜀侯来降"。《史记·秦始皇本纪》虽然也有"秦地已并巴、蜀、汉中，越宛有郑，置南郡免……"，但文献之简约，消息之依稀，情节之零碎，与秦统一中国的伟大历史与文明，实在无法相

褒谷口

伫！按历史逻辑和"汉承秦制"，我们将秦汉的褒斜道作为同一事体，既无可奈何也含追忆之情。秦岭褒斜道一名，正式见于史册者为《史记·河渠书》："其后人有上书欲通褒斜道及漕……"汉武帝时代，褒斜道应是重修。秦汉褒斜道的开辟，一般归于战国范雎相秦昭襄王期间。

秦昭襄王四十一年（前266年）用范雎为相。这一时期，秦国把巴蜀作为经营云南、贵州，进攻楚国以及与东方各国争霸的基地，因而对联系首都咸阳和汉中、成都间的秦、蜀通道则不遗余力。从前316年秦惠文王灭巴蜀，到范雎相秦昭襄王的末年（前251年），不过66年。范雎相秦不过十余年，《战国策·秦策三》记述就用"今君相秦……栈道千里，通于蜀汉，使天下皆畏秦"，来称颂范雎之功，后世学者也据此认为褒斜栈道的开凿始于范雎相秦昭王时期。

西汉建都长安，秦蜀古道毕竟迂远，不如褒斜道捷近，因而在汉武帝元朔年间（前128—前123年）复修褒斜栈道，打算用以通山东之漕运，以避开黄河三门峡之险。通漕事虽然没有成功，但长达200余公里的褒斜栈道得以凿通。此后，褒斜栈道复为关中通往汉中、巴蜀的主要交通路线。"褒斜道"一名，从此正式见于史册。《史记·河渠书》（《汉书·沟洫志》同）记述："其后人有上书欲通褒斜道及漕事，下御史大夫张汤。汤问其事，因言：'抵蜀从故道，故道多阪，回远。今穿褒斜道，少阪，近四百里；而褒水通沔，斜水通渭，皆可以行船漕。漕从南阳上沔入褒，褒之绝水至斜，间百余里，以车转，从斜下下渭。如此，汉中之谷可致，山东从沔无限，便于砥柱之漕。且褒斜材木竹箭之饶，拟于巴蜀。'天子以为然，拜汤子昂为汉中守，发数万人作褒斜道五百余里。道果便近，而水湍石，不可漕。"从"道果便近"一句看来，汉武帝后期，褒斜道为秦蜀间的主要交通干线。故《华阳国志·蜀志》记述："玺书交驰于斜谷之南，玉帛践乎梁益之乡。"汉武帝"发数万人作褒斜道五百余里"。工程规模很大，褒斜道在当时的重要性，由此可见一斑。

秦汉褒斜谷道的沿途经地，郦道元《水经注》中的"渭水注"和"沔水注"记述得很详细，即由褒水北入褒谷口，经石门北行，又经三交城（今留坝县西江口镇附近）、赤崖，至衙岭山；由此以北，循斜谷，达渭川眉县。石门在褒城北约2.5公里处，赤崖在西江口北。唯"衙岭"的位置，颇有争议。现在一般认为，《水经注》中的"衙岭"，即今日褒斜的分水岭五

里坡,当地人叫"丫豁岭","衙"和"丫"音同义衍而来。褒水上源的支流有三,中支流红岩河发源于秦岭正脊,在今太白县西北方向。东支流发源于五里坡西侧,即今上河。斜水发源于太白山支脉鳌山以北 50 多公里以外,在今太白县东南方向。褒斜二水上、中游在太白县五里坡相近。五里坡既有"丫岭""丫豁岭"之称,疑为古代的"衙岭"。

　　秦汉褒斜道,完全是利用天然地形选定线路。褒斜道东边的傥骆道,其北麓的骆谷长 22 公里。褒斜道西边的秦蜀道,其北麓的清姜河长18 公里。秦汉褒斜道的北麓斜谷,长为 51 公里。如果我们把秦岭主脊的高度视为相同,再把翻越的难度等同于坡度,那么,选择褒斜道的路途难度仅为傥骆道和秦蜀道的一半。因之,王开先生指出,褒斜道利用褒、斜二水在太白县五里坡相近这一天然地形,沿着二河谷开凿栈道,架设木桥。沿途除在二水相近处有五里长的缓坡外,不翻越大的山岭。褒斜道南段位于汉中盆地北缘;北段由于渭河断层和斜水冲刷关系,使秦岭呈缓坡形,大大减少了通过秦岭山地的岭道部分。这种得天独厚的自然条件,使它由先秦至魏、晋,在长达 800 年中,一直是秦蜀间相互通往的交通干道。《石门铭》和《石门颂》,记载了汉代对褒斜道的修筑景象和巨大成就。从中,我们也可以体会到秦人对褒斜道的地理认识和眼光。

险要古栈道

3 盛唐褒斜工程

"盛唐"在此非指"贞观盛世"或"开元盛世"概念下的唐朝兴盛时期,而是前与晋隋、后与宋元诸朝相比的全唐概念。单论军事武功,唐朝也许还赶不上战国之秦人;单论国家疆域,唐朝也比不过元、清之辽阔广袤;单论某一历史文化典籍之创造,唐朝也未出现汉之伟大《史记》与宋之巨著《资治通鉴》。然而,若论综合国家力量与整体文化创造,特别是站在汉民族文化传统与立场上,全部中国古代王朝,恐怕也只有唐朝能以"盛"作定语,能以"盛"相冠。历史文献与传统研究下的"盛唐褒斜道",其实包括了"秦蜀道""文川道"和"褒斜道"三者。历史地理文献或由于特殊环境,或出于特定语境,在广义或多义的情况下,使用"盛唐褒斜道"概念,可以谅解,厚非无用。然而,今日作为历史地理名词和秦岭古道概念,多义或广义的"盛唐褒斜道"如再使用,必造成严重混乱。因之,笔者主张放弃使用"盛唐褒斜道"或"唐朝褒斜道"术语,而以"盛唐褒斜工程"或"唐朝褒斜工程"取而代之。

唐文宗开成四年(839年),归融修散关、凤州、褒斜道。同年,山南西道节度使归融镇于兴元,大修秦蜀通道,北至散关,南至剑门,凿山石栈道千余里以通驿路。著名文学家刘禹锡曾为之撰写《山南西道新修驿路记》,由柳公权书,李阳冰篆,号称"三绝碑"。刘禹锡在《山南西道新修驿路记》中说,在散关至剑阁"千一百里间",分工的情况是:"自散关抵褒城次舍十有五,牙门将贾黯董之,自褒而南,逾利州至于剑门,次舍十有七,同节度副使石文颖董之。"前者就是元、明、清时期的"连云栈道",后者就是唐、宋时期的"金牛道"或"石牛道"北段。筑路工程十分艰巨,"并山当蹊,顽石万状"。当时没有炸药,粉碎顽石的方法是"炽炭以烘之,醯醋以沃之,溃为埃煤,一通可扫"。所修栈道,十分险绝,但设备也相当完善。"栈阁盘虚,下临鸹,层崖峭绝,枘木亘铁;因而广之,限以钩栏。狭径深陉,衔尾相接;从而拓之,方驾从容。"

　　归融修的驿道,当时仍称"褒斜道"或"斜谷道",实际其北段路线,为陈仓故道;凤州至武休潭间,即北魏时所开的"廻车道"。武休潭以南,才为汉晋褒斜道旧线。唐中期以后的一些史传、志书,是含义泛化的褒斜道概念,连今日陕西凤县至汉中"褒城间的道路"乃至陈仓散关道,也通称为"褒斜道"或"斜谷道"。读者稍有不察,即误为秦汉褒斜道。如安史之乱,唐玄宗逃蜀,《旧唐书·玄宗纪》及《资治通鉴》记述其所行路线,为自长安西出,中经马驿、岐山、扶风(即凤翔府)、陈仓、散关、河池、普安(即剑州)诸地至成都。当时的河池郡治,即凤州梁泉县。郑处海在《明皇杂录补遗》中说:"明皇既幸蜀,西南行,初入斜谷。"《全唐诗》卷二六崔道融《羯鼓》诗写:"寂寞銮舆斜谷里,是谁翻得雨淋铃。"此处诗文中"斜谷"不在今日眉县,而属于陈仓散关道区域。严耕望先生有《唐褒斜道(斜谷道)之名与实》大文,考释精详。

　　除了多次大修秦蜀陈仓道外,"盛唐褒斜工程"对褒斜道也大力修缮。唐朝初期,对褒斜道虽然也进行过修治,且通水运,似乎未辟为驿路。《册府元龟》卷四九八邦计部漕运条记载:"(唐太宗贞观)二十二年七月,开斜谷道水路,运米以至京师。"

　　《元和郡县志》是唐朝宰相李吉甫的地理名著。在《元和郡县志》卷二二"兴元府"条记有"北取太白山路至凤翔六百里"的记载。由于"太白山路"在元和年间(806—821年)即已出现,所以《唐会要》六一《馆驿》宝历二年(826年)改为驿路时,将沿途三个"馆"改为"驿"。根据唐代驿制,驿和馆是有区别的:当驿道者称驿,不当驿道者称馆。《太平寰宇记》卷一三三,对褒斜道开始置驿亦有相同记载。又《通典》卷一七五记述汉中郡北出之路,除故道、斜谷道、骆谷道外,又有"北至扶风郡(凤翔)六百七十里",亦即《元和郡县志》《太平寰宇记》所说的"太白山路"——秦岭褒斜道,其里程应以335公里为正确。

　　盛唐褒斜工程,相当巨大,仅就投资时间而言,几乎贯穿全唐近300年历程。然而,从某种程度上言,盛唐与褒斜道是没有缘分的。观严耕望先生《唐代交通图考》便一目了然:褒斜道在盛唐最多是一段时期的国家驿道,大多时候则论为普通道路。褒斜道西边的秦蜀道,既袭夺褒斜道之名称,又为稳定的国家驿道。东边的傥骆道既是唐朝以国力集中开辟之道路,也是秦岭古道中新添的国道成员。再往东的子午道,虽然和

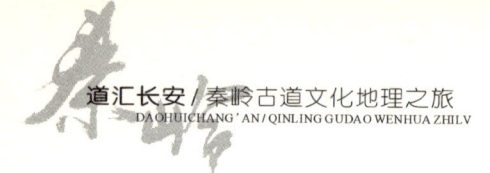
褒斜道一样,为秦汉所辟,却旧道新用,有了"荔枝道"的芳名。盛唐在褒斜道大修的文川道,却只有失败之名。

盛唐文川道,因南口在今汉中城固县文川镇而得名。盛唐文川道工程的主管官员,名字叫郑涯,时任东川(汉中兴元府)节度使。文川道是盛唐褒斜工程的大项目之一,开工时间大致在唐宣宗大中三年(849年)。文川道修成后,唐宣宗曾褒美说:"蜀汉道,古今敧危。……诚为要害,而劳人御马,常因险难。郑涯首创厥功,李比继成巨绩。较两路之远近,减十驿之途程,人不告劳,功已大就。……此则通千里之险峻,便三川之往来。"所谓"三川",是指秦川、汉川和四川。褒斜文川道虽然比陈仓散关道近捷100余公里,但在修筑中也有很多缺点。如北端的黄蜂岭、桦桦岭附近和松岭驿西侧,应改建栈道,以避免爬登山岭之苦,却未改建;南端福溪与双溪驿附近,本有便捷平坦的路线可供选用,但由于用人不当,选错了线路,使得天苞岭为羊肠小径,"极峻折""下岭尤峻绝"(唐代孙樵《兴元新路记》)。再加上新修坡道,路基在短期内不可能坚实稳固,不凑巧此路修成不到一年,便被夏季暴雨冲毁。于是,"朝廷有窃窃之议,道路有唧唧之叹"。朝议便以"纵遣重修,必倍费力"为由,又改取十年前归融修的陈仓道,即后来的"连云栈道",而把褒斜文川道废弃了。郑涯被株连,受免官处分,是秦岭古道修筑史上受惩罚的最高官员。

褒斜文川道作为盛唐褒斜工程之一,固然失败,然其在今日太白县境内留下的栈道遗迹甚多。计有:①今眉县斜峪关水库大坝以北斜水(今名石头河)东岸,距水面3米处有壁孔2个,孔边长30厘米,深40厘米。两孔间距1.6米。当时木梁一头插入山腹,另一头立柱于水中,此为标准的栈阁形制。②今太白县龙蒿乡三神庙村东三里斜水西岸有壁孔4个,呈圆形,直径约12厘米,深14厘米,属于"千梁无柱式"。③今太白县王家楞乡坝村南半里河东岸有壁孔3个,方形,边长20厘米,深22厘米。另有一处壁孔11个,孔积20厘米乘25厘米,深30厘米,亦属"千梁无柱式"。

据陕西省考古研究所和汉中市博物馆多次调查,褒斜文川道的栈孔遗迹,集中在该道南段。上述太白县境内的古道遗迹调查内容,却也包括了梁孔、柱孔、阁栈、桥孔、方形孔、圆形孔,梁柱型和"千梁无柱"型,能够体现盛唐褒斜工程栈道修筑的基本概貌。

4 武侯的武关

　　照理说，秦岭古道，应该既是战争之路，也是政治、经济与文化之路。相对于政治、经济与文化内涵，秦岭古道的战争风云在民族记忆中，似乎印象要更加深刻与凝重。最东边的秦岭古道是蓝武道，"武"者即指武关，是战国时代秦楚的著名战场。最西边的秦岭古道即秦蜀道，既有战国时代秦蜀之争，更以三国时期的魏蜀之战彪炳千古。特别是蜀国丞相诸葛亮，以武侯相称，七擒孟获，六出祁山，木牛流马，皆为华夏文化的经典美谈，甚至成为数代知识者（如杜甫、陆游）的心灵寄托。在很大程度上，秦蜀古道上的武关就是诸葛亮——汉蜀丞相武侯的武关。

　　陕西勉县的武侯祠，在勉县城西4公里的川陕公路边上，与武侯墓相隔汉江，遥遥相望，自成一体，颇具特色。亮庙，在武侯祠内，大殿正中神龛上端坐诸葛亮塑像，极显慈祥睿智。他左手持六韬兵书，右手抚膝。琴童书童侍立身旁，一持宝剑一捧印绶。龛下关兴、张苞护卫在侧。神龛上方蓝底金字匾额上"忠贯云霄"4个楷体大字为清代嘉庆八年（1803年）皇帝颙琰御书于皇宫，"驿发"到勉县，由钦差工部侍郎来勉县代表皇帝将匾悬挂于此的。大门两侧有联道："未定中原，此魂何甘归故土。永怀西蜀，饮恨遗命葬定军。"此联道出了诸葛亮临终时的旷古遗憾。

　　全国武侯祠很多，就历史宏观重量而言，诸葛

武侯祠

武侯为之奋战终生的蜀汉，仅为三分天下之其一，且是三国中间的最小国；"刘氏之地仅益州一隅，当汉州十三之一，三国中，蜀之疆域独最狭小，视魏之有十二州，吴之有四州，远不如矣"（顾颉刚、史念海《中国疆域沿革史》）。即便论及诸葛亮在蜀汉的地位，也有"先主之信武侯也，不如其信关羽"（清代王夫子）。然而，魏晋以降，从杜甫《八阵图》"功盖三分国，名成八阵图"到岳飞书写《出师表》的传说，中国文化在雅俗两大层面，都塑造了武侯光辉伟大的形象。南郑县有武乡谷，勉县有武侯墓，留坝县有武关驿，秦岭古道有八阵图、定军山、五丈原，对秦岭人文地理影响之深远巨大者，似非诸葛亮武侯莫属！因之，在"武侯的武关"命题上，似与"明修栈道，暗度陈仓"的韩信类似，存在一个人文地理与历史地理的平衡。

秦岭古道，本来就以刀光剑影的战争闻名于世，古道武关，更直接以军事之"武"命名。秦岭古道武关，最为著名者有二：分别是秦楚古道上的武关（今丹凤县境），和褒斜道上的武关（今勉县境）。如果说秦楚古道的丹凤武关是秦国的武关，是秦王的武关，那么，褒斜古道上的勉县武关就是蜀汉的武关，是蜀汉诸葛亮——即武侯的武关。今日汉中勉县有武侯墓、武侯镇，还有武侯祠。诸葛亮以羽扇纶巾的儒雅形象，晋封武侯。从蜀建兴五年（227年）到建兴十二年（234年），诸葛亮在汉中屯粮执政，八年厉兵秣马，两撰《出师表》，五次发起对魏的北伐战争，既尽良臣高士之忠义，也显儒将武侯之勇略。《三国志》等史籍明确记载："诸葛亮分兵在沔水北筑汉城，以御魏军从故道来犯；在城固庆山筑乐城，以御魏军从傥骆道、子午道来犯。"（《汉中军事志》）勉县武关地处二者之间，也可能是诸葛武侯亲自设计、修筑的吧。

蜀后主建兴六年，即魏太和二年（228年），诸葛亮伐魏，第一次兵出祁山时，欲由斜谷道趋眉县，令赵云和邓芝为疑军，据箕谷，实际上他自率领主力，兵出祁山。赵云等为魏将曹越所败，退军时烧毁了赤崖以北的褒斜道上的栈阁百余里，以阻魏军的追击。诸葛亮在与其兄诸葛瑾的信中说："前赵子龙退军，烧坏赤崖以北阁道缘谷百余里，其阁梁一头入山腹，一头立柱水中。今水大而急，不得安柱，此其穷极，不可强也。"由此得知，被赵云烧坏的栈阁，不久又被修复。不过时值夏季，水大且急，没有安柱，行走起来不够坚牢稳固。现在，褒河上流的红岩河中游峡谷

中有个王家楞村,是太白县一个乡政府所在地,坐落在三面陡峭而上为小块平地的岩石上。在离王家楞约 5 公里处,还有个名为红岩的村庄,附近河谷弯曲回环,山石多呈红色,残留着许多栈道遗迹。据李之勤教授调查后说:目前红岩河谷中还有大量成排的栈道壁孔和一些平穿的、斜插的旧石梁,分布在河谷两岩,遥遥相对。《水经注》所引诸葛亮的信,又说:"顷水大暴出,赤崖以南,桥阁悉坏。"时赵子龙与邓伯苗,一在赤崖屯田,一成赤崖口,这与《三国志·赵云传》中所说的设有军事物资仓库的"赤崖府库",当均在今太白县王家楞村及其附近的红岩村一带。《三国志·诸葛亮传》中所说的"箕谷",则在宝鸡县伐鱼河河谷中,即"绥阳谷道"中。

几次北伐后,蜀因连年征战,士卒疲惫,国库空虚,急需恢复。诸葛亮回到汉中后休士讲武,劝农殖谷,积蓄力量,以备再战。他派人整修"山河堰",以利发展农业,修复褒斜谷及故道之栈道邸阁,令蒲元改进"木牛""流马",督工大量制造、改善武器装备。

蜀建兴十一年(233 年)冬,诸葛亮用"木牛""流马"将大批军粮调运储备于斜谷口邸阁粮仓,休整两年多后,使蜀军战斗力得到提高。他又派使者至东吴,与孙权订约出兵伐魏,以对魏形成腹背夹击之势。建兴十二年二月,即魏青龙二年(234 年)春,诸葛亮最后一次北伐,大军由斜谷道出兵武功五丈原。诸葛亮率 12 万大军,自褒斜谷出,进至眉县渭水南一带(今岐山县境)。时司马懿督率关中诸军屯于渭水之北,遂率诸军连夜渡渭水,背水筑垒,以抗击蜀,并告诉诸将:"亮若出武功,依山而东,诚为可忧。若西上五丈原,诸将无事也。"诸葛亮屯兵于五丈原(今岐山县西南),懿即令郭淮率重兵移屯北原,加紧修筑堑垒,堑垒未成而蜀军到,郭淮奋力抵抗,击退蜀军。

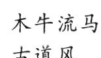

木牛流马古道风

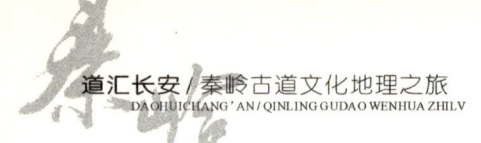

诸葛亮只好将大军扎营五丈原，准备久战。五丈原在秦岭褒斜道北口不远处，清晰可见。五丈原南北长约 5 公里，东西宽余 1.5 公里，最高点在眉县城约 100 多米处，原面平坦，东、北、西三面大都是陡峭的绝壁，易守难攻，确是蜀军一个不错的立足点。同时，魏国的防守也在加强。后两军相持 100 多天，以诸葛亮逝世和蜀军退却而告结。后人有诗叹曰："身未升腾思退步，功成应忆去时言。只因先主丁宁后，星落秋风五丈原。"（《三国演义》）

在秦岭五大古道中，最东边的秦楚古道由于南北口都在魏国疆域，无从用兵，而子午道、傥骆道和秦蜀道偶有用兵，所以三国时期，魏蜀用兵的主战场即在褒斜道。

三国时期，魏蜀两国虽然遥隔秦岭相望，但严格讲，两国并不以秦岭主脊为分界线，而是在秦岭东西不同地区，形成参差格局。大体上以今日周（至）户（县）交界的涝峪为界，其东魏国势力强，其西蜀国势力强，诸葛亮两次能够修复褒斜道的缘由即此。尽管傥骆道以西的几条秦岭古道使蜀汉占据着主动权，然而其"据有陕西境内秦岭山地的具体比例也仅 1/3 强"。秦岭关中至天水陇东，基本上是魏国疆域范围。秦岭陕南大致以今日安康为界，西为蜀汉占领范围，东是魏国领地。纵观魏蜀整体的经济军事势力，犹如秦岭南北两国形势，大致也是蜀国 1/3 强，魏国 2/3 弱。在魏强蜀弱如此不利的严峻形势背景下，诸葛亮以褒斜道为中枢，自请降魏北伐数次，其勇略、意志与气魄真可谓动天地、泣鬼神！诸葛亮与褒斜道，有殊深因缘也。众所周知，诸葛亮谢世于斜谷口的岐山五丈原，归葬于褒谷口的定军山。秦岭褒斜道，是诸葛亮最后一次出兵北伐的行军之路。深幽的褒斜道，真正是见证了武侯的"八阵图"与孔明的"老臣心"（杜甫诗）啊！

在唐宋时期，秦岭褒斜道的南端设有武关驿，以缅怀诸葛亮的伟绩。古代的武关驿，今日在汉中留坝县境设有武关镇。武关镇旁，有武关河、武关潭和武关村。汉中留坝县的武关，扼三条河谷（北栈河、下南河、上南河）之汇要，镇连云道与褒斜道之要冲，攻守皆为形胜之地。是啊，人类讨厌战争，却敬爱武侯。无妨询问武关一带的百姓们吧，他们一定相当敬爱武侯，并会指着武关对你说："这是武侯的武关。"

5　天下第一驿

　　元稹《使东川·江楼月》写道："嘉陵江岸驿楼中,江在楼前月在空。月色满床兼满地,江声如鼓复如风。"唐代驿馆有门楼、驿楼、厅堂、回廊、轩、围墙等。其中,最引人注目的是驿楼。在驿馆中,驿楼的作用是什么呢?后世多有鼓楼、钟楼和望江楼,而在唐代,驿楼可能作为住宿的居所。

　　秦岭褒斜道南口的汉中褒城驿,有"天下第一驿"的美名。说褒城驿是"天下第一驿",一是因为它联结凤翔、汉中二府,地位重要,所以,"忠穆公(严震)尝牧梁州,以褒城控二节度治所,龙节虎旗,驰驿奔诏,以去以来,毂交蹄劘,由是崇侈其驿,以示雄大"(孙樵《书褒城驿壁》);二是它规模宏丽,有楼馆之繁华,苑池之幽雅,林竹之蔚胜,"当时视他驿为壮,且一岁宾至者不下数百辈"。有沼池舟船,可以泛舟、游览、垂钓,有庭除堂庑华轩,有千杆竹,万树梨。可以想见,在游客刚刚经历了天堑栈道辛苦跋涉之后,来到这风光秀美、环境幽雅的地方,心情是多么惬意舒畅。唐代,驿与传合并为一,驿馆兼有通信机构和官方招待所的双重职能。作为招待所,唐朝的驿舍,大多设在州、县城内,以方便来往官员休息和驿夫传递书信公文。当时汉中是中央政府与西南半壁天下联结的交通枢纽,公务往来、信件驿传自然十分频繁,大小官吏出入,送往迎来应接不暇,使褒城驿更显得地位重要。号称"天下第一驿"的褒城驿,有沼,有舟,有飞鹤,有戏鱼。池沼能容舟船,可见其池沼之大,可见其游苑之大。羊士谔《褒城驿池塘玩月》写道："夜长秋始半,圆景丽银河。北渚清光溢,西山爽气多。鹤飞闻坠露,鱼戏见增波。千里家林望,凉飙换绿萝。"

　　唐贞观年间(627—649 年),政治稳定,人口增长,国力强盛,是我国历史上"致治之美,庶几成康"的盛世,被历史学家称为"贞观之治"。贞观之后,从长安经汉中到西南,再由西南经长江到东南人员增多。经汉中的这些通蜀之道横穿秦岭和巴山，在崇山峻岭中行走。"挥手拨云开，人从天际来。"故它被大诗人李白称为"难于上青天"的艰难之路。在难于上青天的千里蜀道上，广袤的汉中平原成为"中途岛"，加之它气候宜人，物产丰富，景色秀丽，吸引着无数客人在此驻足休整。始建于秦朝、坐落在汉中平原中部的褒城驿，随着过往人员增多，而规模逐渐扩大，被称为"天下第一驿"，并载入文人墨客的诗文之中。南来北往的官吏、军旅、文人、商贾、驿传，在经受蜀道"惊魂方未定，万山围一身"的颠沛和艰难跋涉后，进入坦荡如砥的汉中平原，褒城驿如同瀚海戈壁中的绿洲，成为旅客压惊、休整的世外桃源。

褒城驿故址在今汉中市汉台区龙江镇柏花村。据清《汉中府志》载："褒城驿在(褒城)县南二十五里小柏乡。秦所置，有池、馆、林木之胜，宏丽甲天下。孙樵有文，元稹有诗，明属汉中卫，今属南郑县(今汉台区)。"《续修南郑县志》也载："褒城驿故址，《府志》(即《汉中府志》)在褒城县南二十五里，今为邑之小柏乡地。秦所置，有池、馆、林木之胜。(唐)孙樵书驿壁云：'褒城驿号天下第一焉'。"褒城驿坐落在汉中盆地中部有"柏乡古镇"美名的柏乡街。该驿背依褒水清流，面对广阔原畴，驿舍宏丽，池水相伴，花木簇拥，环境幽雅，景色宜人。唐代著名诗人元稹(779—831年)官居监察御时，一次途经汉中留宿褒城驿，即兴写下了《褒城驿》，其中一首写道："严秦修此驿，兼涨驿前池。已种万竿竹，又栽千树梨。四年三月半，新笋晚花时。怅望东川去，等闲题作诗。"

褒城"天下第一驿"的美名，出自唐代著名文人孙樵的《书褒城驿壁》。孙樵是唐代著名散文家，字可之，关东人，官至中书舍人。在元稹路过褒城驿约60年后，这位朝廷主管文书的官员到达褒城驿，看到原本"宏丽甲

石门水库

天下"的驿站房舍破残,庭院荒芜,毅然提笔在驿墙上写下了《书褒城驿壁》一文:

褒城驿号天下第一。及得寓目,视其沼,则浅混而污;视其舟,则离败而胶;庭除甚芜,堂庑甚残,乌睹其所谓宏丽者!

讯于驿吏,则曰:"忠穆公尝牧梁州,以褒城控二节度治所。龙节虎旗,驰驿奔轺,以去以来,毂交蹄劘,由是崇侈其驿,以示雄大,盖当时视他驿为壮。且一岁宾至者,不下数百辈,苟夕得其庇,饥得其饱,皆暮至朝去,宁有顾惜心耶!至如棹舟,则必折篙破舷碎鷁而后止;渔钓,则必枯泉汩泥尽鱼而后止;至有饲马于轩,宿隼于堂,凡所以污败室庐,糜毁器用。官小者,其下虽气猛,可制,官大者,其下益暴横,难禁。由是日益破碎,不与囊类。某曹八九辈,虽以供馈之隙,一二力治之,其能补数十百人残暴乎?"

语未既,有老甿笑于旁,且曰:"举今州县皆驿也。吾闻开元中,天下富藩,号为理平,踵千里者不裹粮,长子孙者不知兵。今天下无金革之声,而户口日益破,疆场无侵削之虞,而垦田日益寡,生民日益困,财力日益竭,其故何哉?凡与天子共治天下者,刺史、县令而已,以其耳目接于民,而政令速于行也。今朝庭命官,既已轻任刺史、县令,而又促数于更易,且刺史、县令,远者三岁一更,近者一二岁再更,故州县之政,苟有不利于民可以出意革去其甚者,在刺史则曰:明日我即去,何用如此!在县令亦曰:明日我即去,何用如此!当愁醉醲,当饥饱鲜,囊帛椟金,笑与秩终。"呜呼!州县真驿耶?如更代之隙,黠吏因缘恣为奸欺以卖州县者乎!如此而欲望生民不困,财力不竭,户口不破,垦田不寡,难哉!

予既揖退老甿,条其言,书于褒城驿屋壁。

作为国之血脉、国之脸面的唐代邮驿系统,在政治昌明、经济繁荣时期,高效率地运转,发挥着积极的社会效应,如"举今州县皆驿也,吾闻开元中,天下富蕃,号为理平,踵千里者不裹粮,长子孙者不知兵";而在政权衰弱、吏治腐败的时期,邮驿必然废弛,弊端丛生,驿馆建设遭到破坏。唐中后期国力衰弱,加上驿道的变迁,使褒城驿已经破败不堪。"视其沼,则浅混而茅;视其舟,则离败而胶;庭除甚芜,堂庑甚残,乌睹所谓宏丽者!"元稹在《褒城驿二首》诗感慨道:"容州诗句在褒城,几度经过眼暂明。今日重看满衫泪,可怜名字已前生。"

6 改道廻车戍

佛曰无常,道也多易。先人以《易经》为经典,确悟了宇宙人生之精髓。"易"的确是秦岭古道常遇到的现象,也是古道研究的重要方面。东边子午道的改变,李之勤先生就多有讨论,力排陈说,收获甚丰。南北朝时期褒斜道的改线,郭荣章先生两番著文,详细探究,于史大明。现据郭先生《再论褒斜道改道的有关问题》,介绍改道廻车驿的基本轮廓。

改道廻车驿,石门隧道东壁的《石门铭》曾记此:"三年(正始),诏假节龙骧将军督梁秦诸军事秦二州刺史泰山羊祉……以天险难升,转输难阻,表求自廻车已南开创旧路。"就文义而论,这里的"廻车",显系地名。以此推之,《周书》和《北史》的《崔猷传》中所云"开通车路"之"通"字,当属"廻"字之误。"廻车",唐李吉甫《元和郡县志》卷二二《风州·梁泉县》云:"在县西北六十里。"这个方位不正确,当以西南为是。宋代乐史《太平寰宇记》卷一三四《山南西道·凤州》"梁泉县"条称"廻车戍在县南一百六十里"。《元和郡县志》和《太平寰宇记》并称,兴元至凤州 190公里,兴元至褒城 15 公里,则褒城至凤州 175 公里。减去褒城(即褒谷口)至廻车 100 余公里,则凤州至廻车应是 75 公里左右,即 150 里左右,此与《太平寰宇记》所称"在县南一百六十里"较相近。《石门铭》云:"自廻车至谷口二百余里……莫不夷通焉。""谷口",即汉中褒谷口。参照原宝汉公路(未开凿隧道)的里程可知,自褒谷口到今凤县南星乡的连云寺村为 101 公里,汉时之里略小于今里,大体合于"二百余里"之数,加之连云寺村是沔凤与褒凤两路的交会点,也是故陈仓道上的一个十分重要的转折点。西魏时的廻车戍当在今陕西凤县连云寺村为宜。

西魏时改道廻车戍的缘由是:其一,久经埋塞的褒斜道,在北魏正始元年(504 年),随着汉中归附北魏而得以复通。但由于这条道路残破不堪,全面修治费时费工,难以应急。

其二,当时的北魏朝廷将梁、秦二州归并为一个统一的行政单元,

梁在汉中,秦在天水。羊祉作为梁、秦二州军事和行政长官,他疏请改道至廻车,有利于加强梁、秦二地之间的联系,以便于他的统治。

　　其三,此前自廻车而北,越散关,抵陈仓,已被辟为通途。这段已通道路为改道提供了便利条件。也正因为这段已通的道路可资利用,所以在改道中只需着力于褒谷门至廻车这段100余公里的工程,即可收到全线畅通之效应。这不仅节约了人力和财力,更主要的是能在较短的时间内,保证南北之间的畅通,有利于北魏政权向汉中乃至巴蜀的扩展,这当是改道的主因。不难窥见,北魏正始四年(507 年)到永平二年(509年)的斜道改道,是以原有道路为基础的。诚如《石门铭》文所云"开创旧路"者,这里的旧路,主要包括褒谷口到姜窝子这段汉魏古道和刘邦北定三秦时的陈仓道,也包括姜窝子到廻车这段民间往来的步履之道。准确地说,这次改道是将汉时褒斜道南段和陈仓道北段首次连接起来,而其联结点便是廻车;反过来说,如果没有汉初的陈仓道作为依托,羊祉疏请改道至廻车,便是无从理解的盲动。可见褒斜道改道的本身,当是陈仓道存在的实证。

　　要探寻改道的起因,必先了解这次改道的全过程。对此,《石门铭》记之颇详。兹据《石门铭》文所记略述于后:"自晋氏南迁,斯路废沦。其崖岸崩沦,涧阁堙褫,门南北各数里车马不通者久之,攀萝扪葛,然后可

褒谷口石碑

至",这是对埋塞已久的褒斜栈道残破景象的描述。征之于史,褒斜道在晋武帝太康元年(280 年)治后,到北魏正始元年(504 年)汉中归附北魏之前,未见有再次修治的记载,特别在东晋之后,随着南北隔绝,

道路废塞达百余年之久。有《周书·达奚武传》和《晋太康修栈道石刻》（此石刻原为《孙樵集》所录）。由于长期失去养护，原来的路基和栈阁遭到惨重的破坏，此为北魏朝廷在交通上面临的一大难题，为此不得不着手治道，诚如《石门铭》文所云："皇魏正始元年，汉中献地，褒斜始开。至于门北一里，西上凿山为道，峭岨盘迂，九折无以加，经途巨碍，行者苦之。"所称"正始元年，汉中献地"者，系指夏侯道迁叛梁降魏之事。《资治通鉴》卷一四六《梁纪·武帝天监四年》曰："初，谯国夏侯道迁以辅国将军从裴叔业镇寿阳，为南谯太守，与叔业有隙，单骑奔魏。魏以道迁为骁骑将军，从王肃镇寿阳，使道迁守合肥。肃卒，道迁弃戍来奔，从梁、秦二州刺史庄丘黑镇南郑，以道迁为长史，领汉中太守。黑卒，诏以都宫尚书王珍国为刺史，未至，道迁阴与军主考城江忱之等降魏。"自此，北魏遂有汉中。因《石门铭》出自魏人之手笔，故有"汉中献地"之说。《魏书》称，正始年闰十二月癸卯朔，夏侯道迁据汉中降。是岁，值梁天监三年(504年)；《梁史》云魏陷梁州于二月，即天监四年(505年)之二月，《通鉴》据《梁史》，故将这段史实记入天监四年。自夏侯道迁降魏之后，魏人始得入梁汉，从而使中断百余年的褒斜道得以复通。但是，褒斜道南端长达16米的石门隧道，却被泥土堙塞，"崖岸崩沦，涧阁堙襮"，短时不能通行，给往返行旅造成极大的困难。基于此因，"龙骧将军督梁秦诸军事，梁秦，二州刺史泰山羊祉……表求自廻车以南开创旧路"。朝廷从其所请，诏贾三德成其事。起自正始四年(507年)，迄永平二年(509年)毕功。

《石门铭》云，改道后的褒斜道"阁广四丈、道广六丈"。据吴承洛《中国度量衡史》(上海书店，1984年)所记："后魏前、中、后三尺，为自后魏初至西魏完，北朝所用之尺。但其间分用年代不可考，正所谓杂用者。"查看其《魏至隋历代尺之长度差异比较图》得知，后魏前尺合0.8343市尺，中尺合0.8370市尺，后尺合0.8853市尺。今以前尺为例，阁广四丈，合33.372市尺，11.124米；道广6丈，合50.058市尺，16.682米。这三种尺彼此相差甚微，仅举其一种，似可知梗概。《石门铭》所称之阁，当为栈阁；道系指经过开拓的山道。这种阁和道的宽度，不仅前所未有，而且北魏之后至唐宋诸代也有所不及，由此不难窥见参与改道者的光辉建树。改道廻车戍的总工程师是贾三德。《石门铭》记述，羊祉疏请改道至廻

车,北魏朝廷从其所请,"诏遣校令贾三德领徒一万人,石师百人,共成其事"。《石门铭》进而对贾三德等人给予了很高的评价。

改道廻车成的上述内容,来自郭荣章先生。严耕望先生和王开先生对此也有探讨,内容大同,而以郭文详尽扎实。比如《石门铭》"诏遣校令贾三德领徒一万人,石师百人"的郭荣章引文;严、王两先生皆把"石师"作为"将帅",显得就不如前者确切。郭先生工作于石门,又多次考察,得地利之便,研究因缘殊胜。现代人文地理,讲文明的内部发言原则,就是这个原因吧。改道廻车成在历史上,首次将陈仓—散关道与秦汉褒斜道在秦岭南麓的汉中地区连接起来,为明清连云栈道开了先声。"在秦巴之间,汉江为横,栈道为纵,构成了与外界沟通、联络四方的庞大网络。这个网络在中华民族发展史中的作用,可能怎么评价都不为过"(税晓洁)。其实,如果间道包括在内的话,秦岭古道交通一直就是纵横连接的网络格局。如果就国家级驿道层面说,北朝的改道廻车成,连接起陈仓故道和褒斜古道,则开了秦岭古道网络化之历史先声。从此,秦岭古道由向南北延伸的平行关系,变成东西也有沟通的网络形象。

石门十三品
摩崖石刻

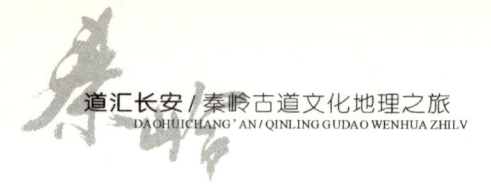

7 石门湖色精卫恨

　　"高峡出平湖，神女应无恙。"秦岭褒斜道，南面褒谷是石门水库，北面斜谷是石头河水库。水库固然有"水利"，然而对于石门隧道而言，水库却无疑是"水害"，甚至让人想到精卫填海的神话故事。

　　石门水库是国家级水利风景区，位于陕西汉中市汉台区北18公里的褒河谷口，风景秀丽，古迹芸萃，还有国家重点文物保护单位"褒斜道、石门及其摩崖石刻"遗址。褒谷山势险峻，怪石峥嵘，翠峰耸立，清代文人王晚香在这里概括出"石门二十四景"。石门水库坝高88米，顶长260米，造型宏伟，湖水碧波荡漾。褒谷石门是个天然博物馆，是东汉年间采用"火烧水激"的方法开凿成的石门隧洞，也是世界上最早的人工通车隧道。

　　石门附近有汉代以来文人墨客题留摩崖石刻100多处，最为著名的国之瑰宝"石门十三品"，被日本书道界称为"汉中石门，日本之师"；其中曹操的《衮雪》，张良的《玉盆》，郑子真的《石虎》，苍劲浑朴，运笔流畅，《石门颂》《石门铭》自古被作为中国书法艺术的楷模。这些石刻现多收藏于汉中市博物馆。东汉《石门颂》记载，永平四年（61年），兴议草创，永平六年（63年）鄐君组织施工，至永平九年（66年）完成，用了76万多个劳动日，修通了褒斜道南段129公里。如果加上褒斜道北段100多公里的工程量，仅劳动日一项，大致在150万以上。

　　《史记·河渠书》记载道：

　　"其后人有上书欲通褒斜道及漕事，下御史大夫张汤。汤问其事，因言：'抵蜀从故道，故道多阪，回远。今穿褒斜道，少阪，近四百里；而褒水通沔，斜水通渭，皆可以行船漕。漕从南阳上沔入褒，褒之绝水至斜，间百余里，以车转，从斜下下渭。如此，汉中之谷可致，山东从沔无限，便于砥柱之漕。且褒斜材木竹箭之饶，拟于巴蜀。'天子以为然，拜汤子卬为汉中守，发数万人作褒斜道五百余里。道果便近，而水湍石，不可漕。"

"引渭穿渠起长安,并南山下,至河三百余里,径,易漕,度可令三月罢;而渠下民田万余顷,又可得以溉田:此损漕省卒,而益肥关中之地,得谷。天子以为然,令齐人水工徐伯表,悉发卒数万人穿漕渠,三岁而通。"

这是司马迁《史记》对褒斜道的重要记载。汉武帝时代,"发数万人作褒斜道五百余里"。同时,修"南山下运河三百余里",也是"发数万人","三岁而通",用了三年的时间。褒斜道修筑的持续时间,未明确记载。两大工程的难度和强度,应该是褒斜道更高。我们可再以北魏《石门铭》记载作参考:"贾三德领徒一万人,石师百人,共成其事。……起四年十月十日,讫永平二年正月毕工,阁广四丈,路广六丈,皆填溪栈壑,砰险梁危。自廻车至谷口三百余里。"北魏褒斜廻车道,1万人,300里,用了3年时间。汉武帝这次修筑工程,"发数万人作褒斜道五百余里","数万人"以两万人计算,至少也需要3年时间。那么,汉武帝这次修通褒斜道的用工量即是:2万×1 080天=2 160万个劳动日。这是最保守的计算,实际应该在4 000万劳动日左右。

"西汉初的人口估计在1 500~1 800万之间,在武帝初的元光元年(前134年)增加到约3 600万。从武帝中期开始,人口出现了多年的停滞和负增长,到末年(前87年)下降至3 200万。此后增长恢复,到西汉末年(9年)达到约6 000万的高峰。"(葛剑雄《人口与中国疆域的变迁》)整个京畿关中地区人口为200万左右。西汉人口以高估的4 000万计,减去老幼非劳动力和官员军队,实际可调遣的劳动力也就1 000万。褒斜道工程以4 000万个劳动日计,那么:4 000万全国人口,每人需劳动一天;1 000万劳动力,每人需要干4天;关中地区200万人口,每人需要干

石门美景

20 天；西汉每个人一生的有效劳动时间以 30 年 1 万个日子计算，汉武帝修筑褒斜道的工程，需要 4 000 个人干一辈子。关中谚云：这是"要命"工程。

事实上，据葛剑雄上述研究，汉武帝末期，全国人口显然是下降了。这与战争有关，也与褒斜道工程的浩大有关。事实上，事功显赫的汉武帝晚年颁布过《罪己诏》。那些在褒斜道工程累死的人们、在石门隧道亡故的灵魂，能够得到安慰吗？他们能够原谅那些千古大帝吗？太史公《史记》有言："吾适北边，自直道归，行观蒙恬所为秦筑长城亭障，堑山堙谷，通直道，固轻百姓力矣！"在汉武帝晚年颁布的《罪己诏》中，有无对自己"轻百姓力"的悔意呢？

今天，石门石刻，移地换形至汉中博物馆。石门隧道，连同褒姒铺（相传是西周亡国美女褒姒的故里）淹没于水下。石门水库的水利因素，包括湖水景观，相信无人否认。问题仅仅在于，当年的石门水库工程，本来完全可以避免淹没石门隧道，可以避开而没有避开，这就是悲剧和不幸！石门隧道有许多中国第一和天下第一；以今日看，旅游价值巨大，堪称一笔人类文明遗产。而就历史看，民国修筑宝汉公路，已有保护石门隧道的文明意识和实际避让之举。偏偏到了"文革"就躲不过了。"文革"，顾名思义，即"革"文明之"命"；以石门隧道的遭遇而言，看来不假。石门隧道有许多中国第一和天下第一，石门水库有吗？两害相比取其"轻"，两利相比取其"大"。石门水库作为国家工程，从最高层的决策到万千人的施工，让人不能不反思我们整个民族的文明局限，即鲁迅先生所谓的国民性问题。石门水库淹没石门隧道，这是一种什么样的历史文明演进呢？

精卫填海是《山海经》记叙的一则故事，说的是中国上古时期一名叫精卫的鸟努力填平大海。精卫原来是炎帝宠爱的女儿，有一天她去东海玩，突然风暴袭来，将她吞噬了。公主死后变成了鸟，名字就叫做"精卫"。精卫鸟去西山衔来石子儿和树枝，一次又一次投到大海里，想要把东海填平。晋代陶渊明诗云："精卫衔微木，将以填沧海。"（《读山海经》）如今我们面对石门水库的湖色风光是否和精卫有着一样的心情？

文 化 地 理 书 系

道汇长安 / 秦岭古道文化地理之旅

第四章 / 秦岭傥骆古道幽风

1 "路可观政"与傥骆道

　　中国有"路可观政"的传统。夏朝的路政管理机构中设有"车正",管理车旅交通,相当于现代的"交通部长"。夏朝"车正"有奚仲,商朝"车正"有费修中衍。周朝的天官冢宰是道路车辆的总负责,下设道路、桥梁、车马等政。周朝路政中有丰富的"礼",秦朝路政中有严格的"法",汉唐路政中有浓厚的"律",宋、元、明、清的路政也都有至为详尽的"明文规定"。封建王朝路政的最大特征,即道路等级化:有御道、国道、官道和乡道多种等级。

　　关中长安,是否是华夏国都,直接决定了秦岭地区的王畿与非王畿性质。秦岭地区的王畿与非王畿性质,又基本决定了秦岭古道的国道和非国道形象,这在傥骆道体现得尤为鲜明。在唐朝中后期的100多年时间里,傥骆道是国家驿道,是唐德宗和唐僖宗的南下御道。宰相诗人元稹和唐代大诗人白居易、杜甫皆有吟诵傥骆道的雅歌。在汉中地区,出现了华阳名镇;在关中周至,出现了厚畛子、关城子,傥骆道沿线的军事经济高度活跃繁荣。然而唐朝灭亡,京都东移之后,傥骆道也随之荒废衰落,几乎完全从史籍记载中消失。

　　唐太宗贞观初年,甲兵初歇,天下大定,以地理形势和山川格局为着眼点,"秦王"李世民将全国分为"十道":即关内、河南、河东、河北、山南、陇右、淮南、江南、剑南与

傥骆道雪景

岭南道。"关内道"即京畿关中,"山南道"即陕南地区。"山南道"中的"山"即指秦岭(广义)。唐玄宗开元二十一年(733年),由十道变为十五道,其中的"山南道"划分为"山南东道"和"山南西道"。"东道"以今日的湖北省为中心,"西道"以兴元府(汉中市)为中心。唐代以"道"命名天下区域格局,既着眼于山川的自然地望,也让人想到祖宗李聃(老子)的大道思想,更让我们今日面对秦岭古道,平添政治底色与皇家支持。

作为秦岭古道之一,傥骆道最大的文化地理特征,即是王畿与非王畿性质的惊人对比。京畿时代,傥骆道北口指向京城长安,为天下中心,自不待言。南口傥谷通往兴元府(汉中市)。"兴元"为唐德宗年号,以皇帝年号为一府命名,此为首创。改梁州为"兴元府",以南郑县为京畿,其"制与京兆同",表明唐德宗的帝王命运与陕南汉中市曾经是多么紧密地相连在一起啊!誉汉中市为临时首都也不为过,有皇帝的兴元府命名为证。在很大程度上,傥骆道当时联系着两个"首都"(西安与汉中),秦岭的南北决定了唐皇的阴阳。从兴元府、华阳县、真符县、石佛等名称,可以想见在汉初刘邦之后,汉中市在唐德宗时代,又一次是全国瞩目的中心与焦点。宰相诗人元稹描写傥骆道的《望云骓马歌》有云:"忆昔先皇幸蜀时,八马入谷七马疲。肉绽筋挛四蹄脱,七马死尽无马骑。天子蒙尘天雨泣,巇岩道路淋漓湿。"中唐时期,傥骆道成为决定国家命运的御道。由于颠沛流离,唐安公主死在傥骆道的路上。唐末五代之后,傥骆道从国家驿道衰落至普通官道,再从普通官道降为山间乡道,直至荒塞不通,不载史籍。

陈显元先生在《傥骆道初考》中将傥骆道五代之后急剧荒废衰落的原因归结为两点:其一,傥骆道东有蓝武道,通江汉平原;西有秦蜀道,通四川盆地。其二,傥骆道地理条件恶劣,所谓"重岗绝涧,危崖乱石"。但陈先生看到的是现象,把王朝地理的关键——王朝京畿的特权"忘"了!严耕望先生《唐代交通图考·骆谷驿道》写道:"至唐代末年,盖又因政治社会不安定,道久失修,而废塞。"政治社会的主导因素,渐成共识:"北宋以后,骆谷道不再是国家驿道,地位大大降低。古代的驿馆要地也多荒废,因而鲜为人知了。"(《西安古代交通志》)是啊!唐朝和宋朝,傥骆道的自然地理条件完全一样,政治地位可就差别大了。五代宋明,秦岭古道的急剧荒废衰落是整体性、根本性的;傥骆道的荒废并不是由于

蓝武道的繁荣云云。傥骆道荒塞的时候,蓝武道也在衰败中呻吟呢。就中国古代路政的根本特征而言,秦岭古道是否为京畿地区的道路形象区别就是:长安为首都,秦岭古道为栈道驿站;长安不再是首都,秦岭古道为实用碥路,有的(如傥骆道)甚至消失。

如果说,秦始皇修筑栈道,集中体现了秦岭古道的皇家国道性质,汉高祖刘邦火烧栈道则集中体现了军事上的国防性质,那么,唐德宗修筑傥骆道则集中体现了国道救命的感恩性质。栈道修筑的原料代表是"木",如同铁道的枕木,栈道中的"木"有枕木、立木,还有顶木,使道路不仅朴素实用,也灵空优美。如果说人类古代交通中,有哪一种道路可以是实用和艺术的完美结合,答曰:秦岭古道中的栈道!秦岭栈道,由于以"木"筑路,且悬于空中,在艺术性上委实耐看,在军事化上也的确易毁。爱者行走目睹,诗赋连篇,风情万千,叹其险美;毁者付之一炬,灰飞烟灭,木焦岩黑,只留下战争之悲。汉高祖烧过栈道,诸葛亮让赵云烧过栈道,唐末黄巢烧过栈道。秦岭栈道修建与烧毁的瞬间,见证了中国古代文明的几多沧桑。秦岭栈道的存废,多么意味深长啊!在世界古代文明史上,还有哪一条道路能够像秦岭栈道一样可用木筑可用火烧?可以戏剧性地浓缩中国历史的进与退、明与暗呢?傥骆道的国道繁荣和瞬间塞废,在中国历史和世界道路文明史上堪称戏剧性事件。

曲折傥骆道

2 从堠镇到厚畛

坐车去秦岭，车内的卫星定位系统不时地自动提醒你：哪有加油站，到了什么地方，行驶了多少公里。古代交通里程的标志又是什么呢？是一种叫做"堠"的里程设置。中国古代道路交通的里程标记，大致有"土堠""石碑"和"木亭"三种方式。古人分程计里的最早工具是"堠"。堠，是古代记录里程的土堆或土墩。《正字通》云："堠，封土为台，以记里也。十里双堠，五里单堠。"堠，又称之为"里堠""封堠"。

古代以 300 步或 360 步为一里，汉朝唐代，5 里一堠，10 里两堠。"堠"在路旁，因而常常成为诗人记录离别的象征物。柳宗元《诏追赴都回寄零陵亲故》诗："岸傍古堠应无数，次第行看别路遥。"范成大《枫桥》诗："墙上浮图路旁堠，送人南北管离愁。"韩愈有题为《路旁堠》一诗，前四句是"堆堆路旁堠，一双复一只。迎我出秦关，送我入楚泽。"宋元明清以来，在用"堠"表路程的同时，也出现以石头标志的里程碑，一直延续到今天。"亭"标志里程也很早。"汉家因秦，十里一亭。亭，留也"（《一切经音义》）。"何处是归程？长亭更短亭"（李白《菩萨蛮》）。"大率十里一亭，亭有长。十亭一乡"（《汉书·百官公卿表上》）。

"堠"有两义：①古代瞭望敌情的土堡。②记里数的土堆。西安秦岭地区有两个"堠子镇"：一是周至县的"厚畛乡"，一是蓝田的"厚

厚畛子清流

镇乡"。它们的地理特征有三个：首先都位于秦岭山区。周至"厚畛"在黑河上源的太白山东南坡下，蓝田"厚镇"在灞河上源的二郎山西北坡下。第二个特点，它们皆临河而建，周至"厚畛"是黑河，蓝田"厚镇"是灞河，它们都是在临河不远的山间台塬建立居住群落。其三，它们都在秦岭古道的干道上、栈道旁：周至"厚畛"在傥骆驿道；蓝田"厚镇"在蓝武驿道。李唐王朝以后，京城东移，关中渐衰，秦岭更甚。南山交通的落后荒塞自不能免，唯里程标志的"堠"继续存在，散发气息。实体既远，"堠"字生僻，以"厚畛"代"堠子镇"，情理之中，理固宜然。陕西作家叶广芩在《走进傥骆道》写道：

"厚畛子是当今厚畛子镇政府所在地，一条百米短街，过去是两排木板房，现在成了贴了瓷片的小楼，没有任何特色。最近，为保护黑河水源，镇政府将沿河居民全部搬迁，远离河水，使厚畛子镇成了一条宽敞道路。厚畛子是南去老县城的要道，是北攀太白山的始发站。厚畛子镇的老百姓视觉和观念并不闭塞。生物学家、动物学家、地理学家、画家、摄影家、作家在这条百米的小街上来来往往，感叹这里的水色山光，感叹这淳美的空气和清凉的风。老百姓在这条百米的小街上安静地过日子，开饭馆，办旅社，做小买卖，挣钱不多，都很知足。没有谁追究过'厚畛子'名称的来历，有人告诉我'就是厚厚的小雪粒儿'。恐怕不对。'畛'，田间之路也，也是古代道路的一个宽度单位。"

作家叶广芩探寻傥骆道，非常情深执著，对"厚畛子"的阐释还有商榷余地。"厚畛子"在古代已经是镇，叫做"堠子镇"。《南山谷口考》："自小谷以西，……有堠子镇。"《陕西省蓝田县地名志》写道："厚镇原名'堠子镇'，是古代探望敌情的土堡，又是标记里程的土堆，俗称九龙岗。《长安志》：'以南山多虎，故立斥堠于此而得名。清同治五年改名厚子镇。'"引文中的《长安志》是宋代宋敏求的《长安志》。至少从宋代（960—1279年）至清同治五年（1866年），厚畛子一直叫做"堠子镇"。周至县的"厚畛乡"与蓝田的"厚镇乡"，地理文化基本一样，命名的演变也应该一样吧。"厚畛子"在古代已经是镇，就叫"堠子镇"。"厚畛子"今日是普通的山区乡镇，"堠子镇"在古代却可能是国道上驻兵的军事文化重镇。

3 探索发现："得意阁"与"关城子"

骆口驿,是秦岭傥骆驿道(也称骆谷道)上一个控扼北口的著名驿站。最近,这座古代重要的交通邮驿和军事关隘的遗址,已被当地考古爱好者发现、发掘。经专家认证,地址在今陕西省周至县骆峪乡骆峪村。

《西安晚报》1999 年 12 月 26 日报道,发现骆口驿址的是周至县考古爱好者王安泉。已发现的驿城,城区面积 7 460 平方米,北城有门,开在其中。城中有 200 余间官房,分别为驿馆、客舍、货栈、兵营、邮亭、库房、马厩等。屋中地面一律青砖铺墁,门前有明柱、回廊,街道以石条铺设。北城门石门墩稍加雕凿,大门裹有铁页。古城墙基东西宽 85 米,高 10 米,城墙顶宽约 5 米,外墙基由石条砌筑,上砌青砖,有垛口。城砖、石条和门墩已被村民移走,城区垦为耕地。出土时有许多五铢、开元和宋明清铜钱及个别银币,并有大量瓷、陶器残片,其地道和排水道尚待发掘。按照顾祖禹《读史方舆纪要》记载,骆谷口古代设有骆谷关。如果设施高级考究一些,骆口关就会是一个"关城子"。严耕望先生在《骆谷驿道》中说,根据唐人李吉甫《元和郡县志》等文献,认为骆谷关应该在骆谷内 20 公里左右的位置。笔者以为,骆谷驿道有不止两个以上的骆谷关设施。《三国志》中,姜维和邓艾大战的"长城戍""将台子"等,似乎就在骆谷口附近。南宋陆游《忆南郑旧游》中的"千艘粟漕鱼关北,一点烽传骆谷东",似乎也透出骆谷口有"关城子"设施。那么,王安泉发现的骆口驿址,极可能就是骆谷口的古代"关城子"。

就在王安泉发现骆谷口"关城子"前后,作家叶广芩也在执著地探寻傥骆道上的营盘梁遗址。

"厚畛子往上,秦岭大梁梁顶有驿站遗址,就是营盘梁了。营盘梁地面相对平整,有石砖砌就的城圈。城内房屋倒塌,一株小桃,在碎砖旁挣扎生长。高大石碑断成数截,脸面朝下,沉睡草间。只一块清康熙年间的碑,仰面青天,稍许完整,说的是重建驿站的事。问随行的焦彦文,这些

巨大碑石何以如此下场，焦说大概是'文革'红卫兵所为。'我们是毛主席的红卫兵，从草原来到天安门'，这歌词都还记得，却不想又从天安门到了秦岭深山，这些红卫兵，了得！营盘梁颓于燹乱的小小驿站，历史丰厚，出土过千余老砖，百余石条，大量箭头、铜钱、铁簇……1935年红二十五军攻打过营盘梁，1947年李先念率中原解放军在这儿与国民党军队和民团激战，山间的树林里埋葬了无数战死者的尸骸，没有留下姓名也没有谁再提起过他们，谁属国民党谁属共产党从那些枯骨上已难说得清楚，其存其没，家莫闻之，他们化做泥土，真正地与青山同在了。只有山间的风还记得他们。"

现代人文地理，一直在强调文明内部的发言原则。王安泉发现了"关城子"遗址，叶广芩探访着营盘梁，汉中的陈显元则重新发现了唐代"得意阁"。

在华阳古镇南端二水交汇处的南岸山脚下，一个巨大的连山石伸入河中。石面上有8个形状各异、大小不同、深浅不一的石孔，显系人工开凿。这是作何用途的呢？据典籍考证与现场勘察，发现原来这是唐代"得意阁"的遗址。

据南宋宁宗赵扩（1195—1224年）时代的王象之所编《舆地纪胜》卷一九〇《洋州·碑记》中"华阳寨摩崖刻"下注释："骆谷路华阳寨下有大溪，俟冬水落，则见大字刻之道旁，云：'建中三年，造此得意阁并回河镇，同节度副使张大侠记。'"1977年6月，汉中地区文物事业管理委员会的陈显远先生赴华阳调查红军标语，在华阳街老人的指点下，发现了这块摩崖石刻。他在《傥骆道初考》中写道："……唐代摩崖石刻，高75厘米，宽45厘米，右行

骆峪人家

直书4行,前3行,每行6字,后一行9字,共27字。其文曰:'建中三年(782年),造此得意阁并回河镇,同节度副使张大侠,石工沈光俊记。'其左侧约1米处,又有直书2行:'打碑本强诠'5字。"

华阳镇既是唐代傥骆古道上的咽喉要塞,又是军事重镇。从800年前王象之的记载看,当时得意阁紧挨华阳寨,山寨即为驻军之所。当时驻军首长级别之高,为"同节度副使",一则反映华阳地理位置的重要,二则反映朝廷对华阳的重视程度。当时在华阳寨旁,设有"华阳关",控扼交通要道,负责缉拿盗匪,维持社会治安及道路交通安全。

从"得意阁"的题名看,似为李白"人生得意须尽欢,莫使金樽空对月"之意(《将进酒》)。"得意阁"应是当地驻军首长或自我消遣,或招待客人,隔三岔五,摆酒设宴的处所。因为在寂寞的深山之中,过着单调的军营生活,高级军官们觉得,很有必要不时吃喝一番,改善一下生活。华阳镇南距洋县城76公里,位于秦岭南坡的山间盆地。在铁路、公路、航空尚未兴起的古代,它位于傥骆道的中途,地处咽喉要塞,丰富的资源,方便的交通,成就了它繁荣的经济。直至现代,它一直是一个十分繁华的山间商埠(陈显元)。

华阳山色

4　美丽的谎言

中国古代有许多美女的传说，其中两个美女——周幽王的褒姒和众人皆知的杨贵妃，都与秦岭古道有关：前者与褒斜道的命名有关，后者将子午国道变成了"荔枝道"。这两位美女不仅与秦岭古道有关，且与两个朝代的命运有关。她们已属中国历史上的著名人士，重要性无须赘言。丑化她们让人起疑，美化她们让人生厌。她们的姿色，倾国倾城，已够绝美，还需美化吗？偏偏有诸多好事者，有一种美化癖：所谓唐玄宗踏上秦岭古道时，杨贵妃也并未死在马嵬坡。他们宣称，不信去问白居易，去看他的《长恨歌》吧。甚至还引申发挥说：马嵬坡死的那个女人是一个替身，真正的杨贵妃从傥骆道南下，后来隐姓埋名到日本去了。并且，日本影星山口百惠都承认自己是杨贵妃的后裔呢。此种民间历史的后设叙事，过度阐释，如果仅仅出现在民主自由、文责难追的国际网页，热闹无罪，倒也罢了。近看作家叶广芩的书籍《走进傥骆道》，也讲了类似的内容以及她个人到日本的访问与见闻。网页文献与作家书籍毕竟不是严肃的历史学术研究，而是在讲秦岭古道尤其是讲傥骆道时，加工出的杨贵妃秘闻与日本传奇。作家叶广芩《走进傥骆道》写道：

傥骆古道还替唐朝皇家隐瞒了一个不能言说的秘密，成为永不破解的千古之谜。学者俞平伯有文说，唐朝天宝十四年十一月，安史之乱，杨贵妃马嵬之死是找人替代，真正的杨贵妃由马嵬坡悄悄南下，进傥骆道，直达汉中，沿汉江入长江，到扬州，在扬州改名换姓为太真，混迹青楼，后去日本。唐玄宗出长安，过马嵬，走的是蜀道之一的褒斜道。皇帝奔向西南，暗中留下的贵妃绝不能追随其后，退回长安更不可能，唯一一条道路就是直接南行，进傥骆道，逃生于南方。"魂断马嵬春讯远"，这一远竟远出了国界，远到了日本。我在日本曾经追寻过杨贵妃的足迹，拜访过供奉杨贵妃的庙宇和她的墓地。日本有"杨贵妃研究会"，他们说中国马嵬坡贵妃墓是个空冢，"马嵬坡下泥土中，不见玉颜空死处"，这

是白居易说的，白居易不会瞎说。我曾跟他们辩论说，中国有《旧唐书》记载，第二年上皇密令改葬他所，最初埋时以紫褥包裹，再葬时肌肤已坏，唯胸前香囊犹存，内侍献上，上皇悲哀。日本人大呼，紫褥子里包的是另外的女人！2002 年，我为周至县涌泉寺探访日本的泉涌寺，周至的涌泉寺隋唐时代是仙游寺下院，属皇家寺院，及至到了京都的泉涌寺，我才知道，该寺院的前身竟然也叫仙游寺，供着杨贵妃的观音像。

在杨贵妃死亡问题上，中国作家让日本人说服了，当然还有学者俞平伯的文章。杨贵妃不仅"混迹青楼，后去日本"，并且在日本的仙游寺成了"观音菩萨"。这是 2002 年，我们的作家探访日本时，亲临目睹的真实发现啊！这种发现，由于有学者俞平伯的文章在先，而失去了新闻首创价值。"混迹青楼，后去日本"云云，完全是成年人的儿戏，这也并不奇怪。奇怪的仅仅是，在秦岭古道上，开始有人散布这种"美丽的谎言"！秦岭不是学问。中国的学问，相信过"亩产 10 万斤"，当然也可以相信杨贵妃"混迹青楼，后去日本"，可以相信她在日本仙游寺造化成了"观音菩萨"。然而，秦岭不是学问。

秦岭太白山 3 676 米，你登了 3 600 米，意味着未到拔仙台。秦岭傥骆道 300 公里路程，你走了 150 公里，意味着人在半路上。秦岭不是学问，问题就在这里：青天白日下的秦岭古道，我们的作家却传播索引派学者的深奥学问，在要"走进傥骆道"的时分，偏偏相信海外岛国"美丽的谎言"。

我们也喜欢走进秦岭古道与傥骆道，我们不需要杜撰历史，尤其无法接受围绕悲剧的那"美丽的谎言"。先说几句《长恨歌》吧。首先，白居易自己总结道："一篇长恨有风情，十首秦吟近正声。"是的，《长恨歌》无论从内容和风格，都是"风情"浪漫之作，而非"正声"写史之诗。因之，区别《长恨歌》的写实成分与抒情内容，是研究也罢，是阅读也罢——从中证史的基本前提。"马嵬坡下泥土中，不见玉颜空死处"属写实成分，是朋友们所谓的杨贵妃未死吗？恰恰相反，这是源于对其死的深刻痛苦成分，悲惨之气袭人！"六军不发无奈何，宛转蛾眉马前死"，这是写史成分，虽然并不纯粹与严格——唐史专家黄永年先生在《说马嵬坡杨妃之死的真相》(《文史存稿》) 中，已有辩证与揭露："缢死杨贵妃、杨国忠……是唐玄宗出于政治利益和平衡而认可了的，并非'六军不发'的无

文化地理书系 秦岭

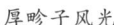

奈与委屈。"《长恨歌》中的"忽闻海上有仙山,山在虚无缥渺间""钿合金钗寄将去,钗留一股合一扇",显然是"虚无缥渺间"的想象与寄情。一代史学大师陈寅恪先生在30万字的《元白诗笺证稿》早已指出:"赵氏所谓'文备众体'中,'可以见诗笔者'之部分,白氏之致当之。其所谓'可以见史才'之部分,陈氏之传当之。后人昧于此义,遂多妄说。"陈寅恪先生并且预知般地写道:"……因近年……及日本遗存遗有之游仙窟及……"陈寅恪先生关于日本游仙窟及敦煌仙游寺俗文学的研究成果,是70多年前作出的。陈寅恪先生不会想到,他的《元白诗笺证稿》出版70多年之后,仍有人"昧于此义,遂多妄说"!

　　在21世纪,我们的作家以日本国的所见所闻,颇新奇于"杨贵妃的秘闻"。陈寅恪先生早在20世纪,就给中日仙游寺诗文历史以透辟的真实阐释。我们完全可以不走进学问历史,然而,要进入傥骆道,我们必须拒绝"美丽的谎言"。

厚畛子风光

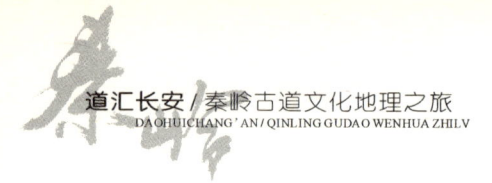
5 八十四盘青山驿

严耕望先生在《唐代交通图考》写道:"唐世道路多七盘之名,斜谷道上有七盘岭。巴州有七盘县、盘道县。而商山道中亦有七盘岭之名。"巴州七盘县的得名,还是源自今日广元市北 85 公里的七盘岭,它在古代为四川陕西两省的"分水岭"。蓝武道有两个七盘岭,一个在今日西安蓝田境,一个在陕西商洛境。我们这里主要介绍秦岭褒斜道上的七盘岭。为什么舍弃其他古道上的七盘岭,而以石门七盘岭为代表呢?理由有两个。其一,石门七盘岭,因修路得名的历史清楚。其二,石门与七盘岭的交通关系,表明了一个重要的古道原理。

先看第一点。"据《石门铭》所记,北魏正始元年(504 年)龙骧将军羊祉率军初据汉中,为急于沟通南北,保证运道畅通,乃于'门北一里西上凿山为道'此道由今七盘山之北麓盘旋而上,再由山腰中辟小径南下,至褒谷口西侧出山。因其弯折颇多,《石门铭》文称其'九折无以加',后世称其为'七盘道'。就连七盘山之得名,亦源于此。这段路很难走,唐孙樵曾步履之,其《出蜀记》云:'又东涉鸡帻之蹇墟'即指此,后接'下七折之峻坂',即七盘山北坡的弯折之地。"(郭荣章)

再看第二点。秦岭古道,以唐代为标志,可分为栈道时代和碥道时代。栈道时代,秦岭古道作为国家驿道,最大的特点可用一个字概括:"直"。王开先生论述栈道出现的背景,"待铁制工具出现后,人们就利用它凿孔为穴,在溪谷岩石壁立处架设栈道,这样,就可取捷径沿溪谷通行,避免爬山岭的辛劳。""捷径"即指出了栈道"直"的特征。与之相比,碥道时代,秦岭古道作为普通间道,也可用一个字来概括:"曲",也就是"盘"啊。碥道的特征,王开先生指出:"碥路也称塃路或偏路。据《正字通》解释:'水疾崖倾曰碥。'就是在水流湍急,崖岸险岭的谷段,开辟修整的一面靠岸,一面临河或临沟壑的险路;或绕山头盘旋而行,一半靠山一半临沟的偏路。它与栈道不同的地方,在于不硬性通过悬崖绝壁,

不需要凿孔穿梁起栈，而是削坡铲石，用土石堆砌成道。因此，在不少路段，碥路离开崖壁，'回山取途'。就是顺着山坡自然地势，趋高就低，屈曲环绕而行，不像栈道那样平直捷近。"碥道的"曲"和"盘"，王开先生写得清楚充分。

李白《蜀道难》唱云："青泥何盘盘，百步九折萦岩峦。""盘"道是山路的自然形状，"百步九折"更是秦岭古道的天然仪态，也是宝成铁路"之"字形设计的历史原型。高山峻岭是行路的天然险阻，被称做"天下之大阻地"的秦岭也更是古代交通的巨大险阻。古代人类欲穿越高耸接云的秦岭，有三种思路选择：①以"盘"绕道，以增加长度来降低坡度。这是长安失去京都地位以后，秦岭古道的基本样态。②栈道岩壁架木沿河谷通过。这是长安处于京都地位时期，秦岭古道的基本样态。③隧道，穿凿隧洞径直通行。褒斜道石门工程即卓越代表。褒斜道的七盘岭就在石门旁边，是石门隧道未开通前的路线。石门隧道开通，数里长的自然七盘道变成 20 米的人工隧道。看一下今日西汉高速路的隧道(石门)和桥梁(栈道)，其间变化，可思过半矣。秦岭古道之"直"，是王朝国道的特权和山路奇观。

盘旋秦岭路

石门隧道工程，对于古代技术条件而言，难度太高，只能偶尔为之。"栈道千里，通于蜀汉"，也够气派奢华，古代只有在京城政治经济极大倾斜时选择。就秦岭古道言，盛唐之后，就必须面对众多的"七盘岭""十八盘关"和"八十四盘青山驿"了。"七盘岭"，秦岭古道甚多，杜甫、吴融皆有诗作。"十八盘关"和"八十四盘"皆在秦岭傥骆道，"十八盘关""西骆谷在县南三十里，谷南七八十里为十八盘，又南下十里至河底店，为古骆谷关"(清代《周至县志》)。最近作家薛亚利有《春登十八盘》，大家可以欣赏。

"八十四盘"在今汉中洋县傥谷口内大约百里处："骆谷路在真符乡，屈曲八十里，有八十四盘"，"六师巡符，次骆谷青山，有八十四头盘，直上千仞，山势绕，攀登陡，见蓬莱之远岫，遥望五峰"，"八十四盘青山驿"是唐朝宰相诗人元稹《望云骓马歌》的名句。"'望云骓'为唐德宗幸兴元地之御马名，稹以为诗题。《望云骓马歌》是秦岭傥骆道的唐代史诗，七言84句，全长约560字。"七言"对应"七盘岭"，"84句"对应"八十四盘青山驿"，全长"560字"对应"五六百里真符县"。"唐开元十八年，梁州长史韦敬祖奏于此置华阳县。天宝三年废。八年，王鉷开清水谷路，复于梨园置华阳县。其年，因凿山路得玉册，遂改为真符县，仍隶京兆府。""真符县"者，既是唐朝县制(今洋县)名称，来源于"玉册相符"，也是史诗真实性的美学原则。诗中写道："五丁力尽路犹窄。囊它山上斧刃堆，望秦岭下锥头石。五六百里真符县，八十四盘青山驿。掣开流电有辉光，突过浮云无朕迹。"

在《望云骓马歌》这首秦岭傥骆道的唐代史诗中，"五丁力尽路犹窄"，是说五丁开关；"望秦岭下锥头石"，是说从傥骆道翻越秦岭主脊的无比惊险；"五六百里真符县"，是傥骆道的路程，洋县在唐代叫真符县；"八十四盘青山驿"，即今日洋县华阳镇的秦岭主脊盘山驿路。"八十四盘"是秦岭"青山驿"的真实面貌。"忆昔先皇幸蜀时，八马入谷七马疲。肉绽筋挛四蹄脱，七马死尽无马骑。天子蒙尘天雨泣，巉岩道路淋漓湿。……嫔娥相顾倚树啼，鸂鶒无声仰天立。"秦岭傥骆道"八十四盘青山驿"是秦岭古道无比艰辛、云绕雾盘的最高象征。其艰辛与险峻，唐德宗以天子至尊，也无法例外，必须面对。"掣开流电有辉光，突过浮云无朕迹"，这就是历史文明，这就是秦岭古道。

6 华阳黑水惟梁州

陆游诗云："当年万里觅封侯,匹马戍梁州。"(《诉衷情》)陕西汉中古以梁州闻名。梁州之名出现甚早,大致在《禹贡》三王时代。《禹贡》在对华夏九州的伟大命名中,对其中两个州——关中平原的雍州与秦岭山南的梁州记载的著名内容是:"黑水、西河惟雍州","华阳、黑水惟梁州"。

"华阳"是秦岭傥骆道上的著名驿站,在今洋县北约 75 公里地的秦岭南麓半坡。中国《地理学报》第 23 卷 4 期刊有全国著名古道研究家黄盛璋编绘的《历史上通过秦岭的入川要道图》。图中清楚地标划着傥骆道,其线路为:北始长安,经周至、骆谷、厚畛子、佛坪老县城、青隆岭、铁厂、华阳、傥谷、西南到南郑(汉中)。"华阳"北是秦岭主脊,南望傥骆谷口。还有一个问题,从傥骆道到华阳驿站后,古道主线怎么走?根据现有资料研究,应该是:由今日华阳街向南偏西,从西水河边,由华阳寨下,过"得意阁"到中坝、小华阳、翻牛岭到铁河,沿傥骆水河谷到清凉川,即到了傥谷(这里距洋县城有资料记 20 公里,有的记 15 公里);再由傥谷西行到渭水驿(马场附近),再西行经城固县到汉中市区,从汉中市取道金牛道进入四川。

华阳古镇有"千年古船城,秦岭第一镇"的美誉。古镇三山对峙,两河并流,青山为屏,盆地为基,负阴抱阳,依山傍水,古镇恰似一叶精美的小舟,荡

华阳古镇

华阳古镇

漾在青山绿水之间。这里被称为华阳,原因有三:其一,因形而名。华阳古镇居中而建,地面房屋隆起,东西两河河水夹流,在南部交汇,俗语"二水洗铧",站在高处看华阳,像犁地的铧,因此叫"铧样",后来读音演变成华阳。其二,是因方位得名。华阳镇位居秦岭主峰太白山南坡,山之南为阳,故名。其三,因山而名。《洋县志》记载:"华阳以华阳山而名",1988年新编《洋县地名志》同载。那么,华阳哪一座山叫华阳山呢?华阳当地老人们说,华阳镇北面的秦岭就叫华阳山,也叫酆都山。

其实,全国叫华阳山的很多,华阳地名同样很多,这都体现了《尚书·禹贡》的巨大影响。《尚书·禹贡》是中国第一部地理书,属于儒家五经之列,也为道家推崇。洋县华阳镇,首先,毫无疑问符合《尚书·禹贡》的地望描写。其次,汉中历史上就是梁州。最后,洋县华阳镇在唐朝设立过华阳县,且一度叫真符县。"真符"者,就是真的符合之意。东晋学者常璩著有《华阳国志》一书,足见《尚书·禹贡》的巨大影响。《华阳国志》是一部专门记述古代中国西南地区地方历史、地理、人物等的地方志著作,撰写于晋穆帝永和四年至永和十年(348—354年),全书分为巴志、汉中志、蜀志,共12卷,约11万字。从《华阳国志》的具体内容来看,所谓的华阳国即秦岭以南的中国领土——相当于华夏九州中的梁州,这是最宏观的华阳概念。中等意义的华阳概念,来自于华山之阳,即秦岭南坡区域,相当于今日陕西省的陕南地区。最为狭义的华阳概念,指今日汉中洋县的华阳镇,因唐代在此地设立华阳县而得名。唐代在此地设立华阳县的一个重要因素即秦岭傥骆驿道。

严耕望先生在《骆谷驿道》写道:"开元十八年置华阳县,去京兆府400余里。天宝三年废。八年复,因得玉册,更名真符。其地区可能在今洋县北150里骆谷道中之华阳镇。"傥骆道的秦岭北麓,东骆谷叫做黑河。黑河在周至境内,长125.8公里,流域面积2 258平方公里,黑河落差较大,有南北两大源流。北支发源于太白山主峰拔仙台东侧,向东又折向南流,称红水河,至老场向东流,接纳八斗河,流向两河口。南支发源于太白山主峰拔仙台南侧的第四纪冰川湖泊二爷海,向南流经三爷海、玉皇池、三清池,至钓鱼台接纳鱼肚河等众多支流形成黑河(黑河因河水深且蓝而泛黑得名)。千百年来,黑河一路跨过崇山峻岭,千回百转,于马召金盆村与仙游寺之间出山。如今,随着甘甜的黑河饮用水进

城,黑河已经是西安市的母亲河。

因此,"华阳黑水惟梁州"中的"黑水",就陕西关中的地望而言,非傥骆道的芒水黑河莫属。当地人形容它:"绿得发蓝,蓝得发黑",可见,它就是一条清澈丰沛的黑水啊!让人惊讶的是,傥骆道南端的傥谷,其实也是一条"黑水"。傥谷原叫"灙水",今日洋县有周忠庆《浣水集》问世。"傥"原写做"灙"——如此甚明,傥谷"灙"水也是一条黑水。傥骆道在秦岭的南坡北篦,皆清流晶莹,黑水藏魂。"梁州"更好理解,论在关中,穿行秦川,秦岭即是最为崇高巨大的"山梁",从地望与心情,皆然。秦岭之北篦,《禹贡》要突出的就是"黑水";而秦岭南坡,则自然是"华阳"——"华阳、黑水惟梁州",多么自然而然啊!傥骆道,穿越秦岭主梁,联结着汉中华阳与关中黑水。兴元府兴起了汉朝,保护了唐朝;"华阳、黑水惟梁州",《禹贡》早已把秦岭傥骆古道的奥秘暗示。华阳镇的兴起繁荣,主要还是取决于傥骆驿道的开通。在历史上,它是一个依托傥骆道交通发展起来的军事经济名镇。从华阳镇和傥骆道的关系说,二者一荣俱荣,一衰俱衰。

潺潺黑河水

7 壮哉姜维岭

莽莽秦岭，巍峨挺拔，高峻险陡，分界南北。中国历史上，秦岭作为南北分界，斑斑可考，朝代多矣。战国时代的秦国与楚蜀，南宋和辽金以及南北朝，都以秦岭为基本的南北分界。秦岭作为东西分界，却是三国时代的蜀汉英雄姜维做到的：傥骆道和姜维岭即魏蜀两国东西分界的重要标志。

从蜀延熙十年（247年）开始，姜维发动了七次北伐，其中有六次出兵陇右。第一次：延熙十年。由于曹魏失于措置，秦凉二郡的"羌胡"叛魏附蜀。姜维率军至陇西—南安、金城一线接应，与魏雍州刺史郭淮、讨蜀护军夏侯霸战于洮西。旋将附蜀的"胡王"白虎文、治无戴徙归。第二次：延熙十二年（249年），后主假节姜维，再率大军出西平，无功而返。第三次：延熙十六年（253年）春，费补韦死，姜维独揽军权。姜维从石营（西和

高峻姜维岭

县西北)围南安。受魏雍州刺史陈泰领阻击后，姜维因军粮不继而退军。
第四次：延熙十六年(253年)六月，趁魏明帝死后司马懿与曹爽内讧之
机，姜维兵发陇西，攻拔狄道，进围襄武(今陇西县西南)，击败徐质所
部，乘胜徙河关、狄道、临洮三县居民而还。第五次：延熙十八年(255年)
春，魏国发生毌丘俭的叛乱，姜维又积极准备北伐。八月，率数万军队向
秕罕。姜维先在故关(在洮水西)击败魏将王经，后围攻狄道。结果久攻
不下，遭受王经和陈泰的内外夹击，姜维匆忙撤军至钟离(今成县西
北)，也是无功而返。第六次：延熙十九年(256年)春，姜维受命为蜀大将
军。在钟离重新整顿兵马，与镇西大将军胡济相约攻上络，然胡济不至。
姜维便单独在七月引军出钟离。结果在上络南与邓艾军遭遇，蜀军惨
败。第七次：延熙二十年(257年)，魏征东大将军诸葛诞反于淮南，朝廷
调关中部分军队南下平叛。姜维率数万蜀军出骆谷(今陕西周至县东
南)，至沈岭(又名姜维岭)，在芒水倚山扎营，同魏军对垒，相持三个多
月后，蜀后退还。

傥骆道见于正史记载，就在三国时代。"五月，费祎知魏军将退，率
军绕道占据三岭(《通鉴》注："自骆谷出，隔以终南山，其间有三岭，一曰
沈岭，二曰衙岭，三曰分水岭")，断其后，曹爽遭截击，督军争险苦战，伤
亡惨重，逃回关中，关中为之虚耗。"(《三国志·魏书·曹爽传》)此战是古
代以攻势防御取胜的一个典型战例。

蜀延熙二十年，即魏甘露二年(257年)十二月，姜维得知魏有淮南
诸葛诞之乱，关中魏军已分赴淮南，决定乘虚出兵进攻秦川，率数万人
自汉中经骆谷，至都督门、厚畛子，越老君岭出北口至沈岭(今周至县西
南)。当时，魏在长城戍(骆谷东北)有仓库，积谷甚多，守兵很少。魏征西
将军都督雍凉诸军事司马望在此守卫，邓艾亦奉命自陇西增援，抵御姜
维进攻。姜维军进至芒水(今周至县南)，依山扎营，伺机进攻。司马望、
邓艾则抵渭水坚守，维军多次挑战，望、艾只守不战，因而形成两军对
峙。至延熙二十一年(258年)三四月间，姜维得知淮南诸葛诞已败，魏
军主力将西还关中，胜利无望，遂率军南还汉中。

"诸葛亮死后，姜维是一向以继承他的遗志自诩的。姜维也曾向秦
岭以北进攻过，但其结果仿佛诸葛亮的陈仓之战。姜维的进军是由骆谷
出兵的。这次出兵是乘着魏国东南有了乱事，关中比较空虚，而骆谷北

口外的长城戍(今周至县西南骆水东)又多有积谷,可以就地取食。姜维这样对形势的估计显然并不确实。蜀兵过了沈岭(今周至县西南),关中魏兵就来阻挡,魏将邓艾的援军也从陇右赶来。魏军据守长城戍,顿使姜维的计划落空。邓艾又采取司马懿在五丈原下的策略,坚守不战,姜维最后也和诸葛亮在陈仓道一样,不得不班师回去。"(史念海)

三国时代,魏强蜀弱,是基本的国家格局。诸葛亮以接近神仙的智慧,才敢于和魏国玩六出祁山的战争游戏。姜维作为诸葛亮的接班人,智勇双全:为将之勇猛,不在赵云五虎之下;为帅之智慧,似在周郎公瑾之上。论实际历史,陕南安康地区属于曹魏地盘,子午道南北口皆是魏军控制,蜀将魏延放言的兵出子午,显然是吹牛。另一方面,诸葛亮六出祁山,又显得有些拘谨,讨伐魏国的战火主要在陇西燃烧。

最后一次讨伐魏国,诸葛亮终于选择褒斜道,虽然秋风五丈原,向东接近长安的战旗却永远飘扬。国学大家钱钟书有一本人生体悟的名著,叫做《写在人生边上》。姜维作为诸葛亮的接班人,兵出傥骆道,既是选择了魏蜀两国的边境线,也是一种鲜明的"写在人生边上"!秦岭傥骆道北口的神仙岭,也叫姜维岭。据《三国志·姜维传》的注引《世语》记载,姜维死后腹部被剖开,发现他的胆跟斗一样大,所以后世有"大胆姜伯约"的说法。《三国演义》也记载,姜维死后,其心被掏出,大如牛心。"牛心"者,忠勇之心也!傥骆道的骆峪,过去有黄帝的后代骆明,现在则是姜维的牛心峪。姜维以大如牛心的无比忠勇,硬是在诸葛亮之后,将北伐曹魏的战旗插到了傥骆道青山。仅凭把战线从诸葛亮时候太白山西边的褒斜道,推进到太白山东边的傥骆道而言,姜维就是三国时代的一个大英雄。这里永远与姜维的名字连在一起,姜维岭,永远都是秦岭魏蜀两国东西边境的历史分界和英雄标志。

8 巴岭米仓道

米仓道的路线在《通鉴》胡三省注中说："兴元之南有大竹路通于巴州。"由此说明米仓道的范围北起陕西汉中,南抵四川、重庆之间。在古代,巴与蜀是两个不同的邦国,米仓道在胡三省为《通鉴》的注说中,也反映出中原与巴国的密切关系。除此之外,米仓道还联系着西去的金牛道到成都,南下木门道达重庆。

从陕西南郑出发,要翻越小巴山过焦家河,再翻米仓山进入巴蜀北大门南江。由于两座大山各有对应的两个山凹都可以供人翻越,于是,形成两条路可供人们选择:一是经南郑秦家坝、小坝、黄草坝至大巴山凹的卡门(明、清在此修筑的关隘,一式两座,相距数米,川陕巡检司交叉把关,后更名为官仓坪)。进入四川的大坝堡,越草鞋坪,翻米仓山,经米仓关、官坝堡、令牌子坡、竹坝子、柳湾子、鹿角垭、甄子垭进入底塘堡(今南江县城)。二是经南郑走喜神坝、挡墙河、贾家河、崖房坪、台上(小巴山山凹,川陕界)、铁炉坝、焦家河、麦子坪、老君岩、龙神店、抽筋坡、银杏坝、峡里、沙滩、阎王碥、头道水、马跃溪、琉璃关至底塘堡,这两条山路通常称为米仓道北段。米仓道南段是出底塘堡经东榆堡、石灰堡,过八庙垭到淘金堡(赤溪场)、马掌堡、白杨堡(下两河口)、元潭堡,进入巴中城。

萧何追韩信石碑

　　米仓道西去接金牛道路线：由台上分路，经焦家河、白头滩进入旺苍县的檬子，经八角树、正源、代家坝、燕子砭进入广元金牛道。米仓道南下接木门道路线，在老君岩分路，经店沟里、坪河堡、殷家碥、简家营至旺苍县楠木、艾家坡、堡子(普济)，进木门道。

　　巴中既是米仓道的终点，又是米仓道的重要物资集散地，它有着南下重庆水、陆两路交通的便捷和西去成都平坦道路的优势。

　　米仓道的政治、军事地位十分重要。新修《南江县志》载："秦末汉初，从南郑到四川的道路中就有米仓道，楚汉相争，萧何追韩信途经米仓道，至今仍保留截贤岭、韩溪等地名。"据《四川通志》载，唐集州刺史杨师谋著有《集州两角山记》记载了这一事件，并树石碣于岭上，铭曰："萧何追韩信至此"，其两角地处平河堡，地势亦险峻，乃米仓道至木门道必经之路。史载东汉建安二十年(215年)，曹操征战，张郃守汉中，进军宕渠、蒙头、盈石(今渠县)，与张飞相拒50多天，张飞率精卒万余与张郃交战，因山道狭窄，前后不能相顾，张飞遂破张郃。据《渠县志》载，有张飞碑，文曰："飞率精卒万人，大破张郃于八蒙，走马勒铭。郃弃马缘山，与麾下十余人，从米仓道退回南郑。"北宋以来，米仓道为宋用兵之道。南宋开禧二年(1206年)，金兵入凤州(今陕西凤县)，兴元帅程松亟趋米仓山，由米仓山道遁入阆中。

　　近年来，在南江城东2.5公里处的琉璃关乱石丛中发现了南宋时期刻在一块巨石上的记事碑文，铭曰："绍兴三年二月十五日，金贼犯兴元府。"落款为弓级任荣记，与以上史料相符。第二次国内革命战争时期，红四方面军取米仓道进入四川通江、南江。爱国将领杨虎城部与红四方面军有过密切关系，曾援助武器药品，经米仓道运送至根据地前线，《红色交通线》记载："每隔30里设秘密交通站一处。"

　　米仓道自形成至今，其商旅、文化活动十分繁荣，历代官府对这条道路的建设都很重视。《四川通志》载：历代有旧设关隘6处，城堡3处，店铺21处。另考察还发现仓库遗址1处，史载有历代官府在各关隘、店铺设驻官兵、司兵、巡司、巡检的情况。历代官府对道路的整修也很重视，有石刻碑记为证。如刻在石灰铺岩壁上的碑文曰："天宝四载，太守郑子信此南北路移险造阁记。"又如宋嘉定二年(1209年)刻在琉璃关石壁上的修路记事碑文和沿途修建的若干指路碑，也是很好的例证。近年

来沿途出土了大量的有关实物资料，如，1978 年在大坝铺出土了 24 件宋代银盏，同年又在赶场黄泥堡出土了半两五铢制钱 50 多公斤；1982 年在八庙垭出土一种小五铢 20 多公斤；1988 年在县城(底塘铺)出土开元通宝 1.1 万多枚；1999 年在桃园发现汉代砖室墓群，其墓砖分别为边长 35 厘米的方形和 17 厘米×8.5 厘米的条形砖两种，澄泥质地，火候较高；还发现有汉代瓦窑遗址与数十公里长的古战壕遗址；等。这些都能说明米仓道的商旅繁荣、文化发达。

　　米仓道除了实物遗迹和史志方乘外，历代诗歌中也保存了一些很有价值的史料，古代文人学士往来米仓道常常抒怀题咏，留下了数量可观的诗词歌赋，这些诗词歌赋较之正史文献，具有更强的直观性和纪实性，蕴涵着丰富的历史地理内容。下面摘录主要的几首，以飨读者。汉代王子韶《三秦谣》："武功太白，去天三百。孤云两角，去天一握。山水险阻，黄金子年。蛇龙鸟拢，势与天通。"唐代诗人李商隐路过米仓道，也留下传世诗作《夜雨寄北》："君问归期未有期，巴山夜雨涨秋池。何当共剪西窗烛，却话巴山夜雨时。"（梁廷保）

萧何追韩信处

文 化 地 理 书 系

道汇长安／秦岭古道文化地理之旅

第五章／秦岭子午古道探赜

1 "意识"载体

在《故道的早期历史》中，史党社、周振鹤写道："道路的功能往往是复杂的，人物、物资、信息，直至意识，都可以作为承载的对象。"道路承载"人物、物资"最好理解，承载"信息"也能理解。古代的"烽火连三月，家书抵万金"，现代十万火急的"鸡毛信"都是道路承载"信息"的例子。而"意识"发生在大脑里，存储在书籍和 U 盘中，怎么道路也能"承载"呢？忽一想，也对：中国城市众多的"人民路"，欧美国家众多的"福音街"，不就承载着某种"意识"吗？在秦岭古代五大交通要道中，如果说有哪一条古道也承载着"意识"的话，那么应该非子午古道莫属。

"子午"者，首先就是一个中国意识。中国以"中"命名国家。"中"涉及东、南、西、北的四方概念，联系地支学术，就有了用子午卯酉表达东南西北的四方概念。中国的"中"还涉及"正"的概念。中华民国总统蒋介石，字就是"中正"。"中正"的观念源自《周易》："《易传》尚中正，源于《易经》对'中位'的重视。九二曰：'见龙在田，利见大人。'何谓也？子曰：'龙德而正中者也。'《坤》'位乎天位，以正中也。'"（《需·彖》）

"讼元吉，以中正也。"（《讼》九五《象》）"大观在上，顺而巽，中正以观天下。"（《观·彖》）屈原在《离骚》也唱道："跪敷衽以陈词兮，耿吾既得此中正。"中国古典文明，围绕着"中"的核心，东、南、西、北的四方概念，联系上子、午、卯、酉的四正地支学，便有了"子午"为正南正北的表达言语和思想观念。因此，东汉王莽选择子午道的命名，看似偶然，"子午"为正南正北的思想观念却是典型的中国意识和文明正统。特别是两汉时期，纬学勃兴，天人感应，是阴阳学和神秘主义集大成的时代。司马迁《史记·天官书》写道："是正四时：仲春春分，夕出郊奎、娄、胃东五舍，为齐；仲夏夏至，夕出郊东井、舆鬼、柳东七舍，为楚；仲秋秋分，夕出郊角、亢、氐、房东四舍，为汉；仲冬冬至，晨出郊东方，与尾、箕、斗、牵牛俱西，为中国。为彗星及天夭。其时宜效不效为失。常在东方，其赤，中国胜。"

汉魏伯阳《周易参同契》一开始即写道："乾坤者，易之门户，众卦之父母。……牝牡四卦，以为橐籥。"在牝牡四卦的基础上，又有子、午、卯、酉的"四正"方位时辰的概念出现。秦岭子午道，在汉代"出现"被命名，应该不是偶然。子午道历史的命名演出，只是选择了王莽而已。

王莽（前45—23年），字巨君，汉元帝皇后侄，新朝建立者，8—23年在位。在中国历史上有这样一个皇帝，敌人已经打进城来，他还振振有词地说："我是有德之人，其奈我何？"这个皇帝就是王莽。马立诚《历史的拐点》写道："王莽废去皇室的呼池苑，改设安民县，迁移穷人去住。沿途饮食以及到达之后所需的田宅、器具、耕牛、种子等，都由官府供给或借贷。王莽又下令在长安城中投资建设五个里共200个廉租房小区，供贫民居住。权势开始向民生倾斜。汉平帝12岁时讨论结婚，成千上万的士人要求平帝娶王莽的女儿。王莽女儿当然被选为皇后。"葛承雍在《王莽新政》，已经将王莽登基的社会思想根源归结为儒家的复古和神学。《汉书·王莽传》写道："更名匈奴单于曰'降奴服于'。莽曰：'降奴服于知威侮五行，背畔四条，侵犯西域，延及边垂，为元元害，罪当夷灭，是岁，改十一公号，以'新'为'心'，后又改'心'为'信'。其秋，莽以皇后有子孙瑞，通子午道。子午道从杜陵直绝南山，径汉中。"

作为王莽个人的"意识"载体，子午道的最大特征便是以汉长安城为基准的正南正北，不啻是一条"汉直道"。"汉直道"是我们借用"秦直道"的说法；王莽给他的子午道"官名"，有学问得多了。不

蜿蜒子午道

管怎么说,"汉直道"修在子午谷,"秦直道"修在子午岭,难道没有一点内在关系吗?事实上,它们都源出中国文化的地理形上学。很多研究者从子午道的实际经地出发,都指出过它的非正南正北路况。"子午道虽意取正南正北之意,而事实上……不尽正南正北。"(李之勤)"意取"的主人当然是汉代王莽,虽权大官高,满怀理想,但毕竟是近乎两千年前的"意取"——意识取向啊!毕竟是在"秦岭,天下之大阻"面前的"意取"工作啊!尽管如此,王莽的"意取",给秦岭子午道仍然留下了两个永不磨灭的鲜明标志:其一,在子午道的"北子"口,入山点不在道路主体依附的长安沣峪,而在子午谷。子午关不在与其同名的子午谷,而在长安沣峪。就连清朝人顾祖禹在皇皇万卷的名著《读史方舆纪要》中,也以为子午关在子午谷呢。其二,在子午道的"南午"口,既有新旧路线之歧,又有至少包括今日安康市汉滨区汉王坪、紫阳县汉王镇,汉中市洋县的龙亭、西乡县的子午乡,还不算荔枝道南出口。李之勤教授为此披阅史籍、付出半生功力,欲对话《唐代交通图考》《中国历史地图集》和《辞海》诸权威定说。是啊,究竟哪个出口是学问的出路呢?窃以为,倒应该是安康的凤凰山吧。王莽子午道,正南正北仅是其方向特征,龙飞凤舞才是其精神信仰。西安北郊是龙首原,安康南部有凤凰山。与此相比,还有何处有望走近王莽精神深处的地理形上学与子午道的国家信仰呢?

《汉书·地理志》记载,作为中国历史上唯一的知识分子皇帝,王莽改变的全国地名不止千万。长安改为"常安",无锡改为"有锡",更名匈奴单于曰"降奴服于"。自己做了 15 年皇帝,国号就有"新""心"和"信"三变。仅就秦岭古道而言:褒斜,王莽叫做"新光";蓝武道霸陵,王莽叫做"水章"。王莽新政的理想主义和命名革命,绝大部分彻底流产失败,成为历史笑话。然而子午道的命名,非常成功。不仅子午道的名称至今沿用,并且受子午道的影响,长安有子午谷、子午镇,秦岭南坡有子午河,关中北山有子午岭。是啊,王莽秦岭子午道的命名,虽是他的个人意趣,但由于根植于中国意识,也成为这位悲剧知识型皇帝唯一的荣耀加冕。

2 子午新道：一位学者向权威与定论的挑战

秦岭子午新道，开辟于南北朝萧梁时期。子午新旧道的变化与区别是在秦岭南坡，即今日陕南地区的安康与汉中。简明些说，旧道的目的地是安康市，新道的目的地是汉中市。子午新旧道变化与区别的地点，在今日安康宁陕县的江口镇以南约5公里处，地名叫七里沟口。子午旧道在从陕西关中长安出发，越过秦岭梁、宁陕县江口镇之后，继续往南直下，经月沙坪、腰岭关、直城到达安康，相当于今日陕西省道102线与西安到安康的高速路一线。子午新道则从秦岭南坡——今日安康宁陕县的江口镇以南的七里沟口向西南斜插，相当于国道210至西乡县的方向或今日西安至汉中的高速公路以东20多公里的平行方向（《西安古代交通志》）。子午旧道（王莽），即从秦岭南坡宁陕县江口镇，正南方向直到安康，这是王莽子午旧道的路线。子午新道的路线是在抵达宁陕县江口镇之后，向西南方向或经过今日宁陕县城、洋县去汉中，这是子午新道的一种含义，或叫做萧梁新道。子午新道或经过今日宁陕县城、镇巴县去重庆，这是子午新道的另一种含义，或叫做荔枝新道。

安康与汉中之间，有一衣带水的汉江，又有群山连接的幽谷，不待国家举措，自然人踏路通。因之，是否考虑道路的民间性与自发成路因素，子午道就有"新修"与"重修"之别：王莽的子午旧道如此，萧梁的子午新道也如此。王莽的子午旧道是相对于萧梁新道而言的，如果相对于汉初刘邦走过的"蚀中"（"子午"）道，王莽新开的子午道就成了"新道"。秦汉时期的子午道既史载无详，又不以"子午"相称。因之一般就将王莽所开之道称为子午旧道，而把南北朝萧梁所修的称为子午新道。唐代李吉甫《元和郡县志》写道：

> "梁将军王神念以旧子午道缘山避水，桥梁百数，多有毁坏。乃别开乾路，更名子午道，即峡路是也。"（卷一《关内道·京兆府·长安》）

《隋书》卷二十九《地理志》："梁将军王神念……别开乾路,更名子午道,即此路是也。"(《西安古代交通志》)南宋王象之《舆地纪胜》卷一八九金州记载:"梁门山,《元和郡县志》:在汉阴县东八十里。梁将王神念开拓城境,梁门为界之也。"(《西安古代交通志》)

严耕望先生依据上述典籍,在《唐代交通图考》中也认为是"梁将军王神念……别开乾路",修筑了子午新道。"大抵旧道自子午谷南行,越秦岭,再循今洵水上游之西源(郦《注》误为直水上源),经萑阁,度入直水(今池河)河谷,循谷道至安康县(今汉阴东经108度35分,北纬32度55分之西)。至于梁开新道,则向西南斜出至今洋县东境,行山区,避河流也。其分歧点当在秦岭以南,但不知究在何处。"

李之勤教授参与的《西安古代交通志》,把严耕望先生"但不知究在何处"的子午新旧道变化的"分歧点"寻找到了:即是今日安康宁陕县江口镇以南的七里沟口。从李之勤先生20多年前的《历史上的子午道》,到2007年《栈道历史研究与3S技术应用》一书,李先生再次发表了自己对于包括《元和郡县志》《唐代交通图考》《中国历史地图集》和《辞海》诸权威定说的质疑和否定。李之勤教授写道:

秦岭云霭

梁将军王神念以旧子午道缘山避水,桥梁百数,多有毁坏。乃别开乾路,更名子午道,即峡路是也。但《元和郡县志》只说王神念别开干路于洋州境,以别于原在安康县境的旧路,并没说在旧路以西的今西安市和宁陕县境,另开一条作为唐代荔枝路前身的新子午道。更何况从王神念随父降梁的前3年,梁武帝天监四年(505年),梁将夏候道迁以汉中叛降北魏,包括池河镇在内的今陕南、川北和甘肃东南部的许多川郡,均被北魏攻占。此后梁与北魏即以池河镇以东的梁门山分界。即令王神念投梁后曾在今陕南安康一带任职(《梁书·王神念传》所载王神念历任官职,不见与今陕南有关者),也既无可能,又无必要到与已敌对的北魏控制区去整修道路的。所以把子午道南段线路今池河谷的池河镇改线到今长安河谷的宁陕县等地的事迹,放在梁将王神念身上的说法,是缺乏有力根据的。

前列《元和郡县图志》关于子午道的两条记载内容大致相同,又有可以互补之处,故合在一起讨论。所记南北朝时期南朝梁将王神念为洋州龙亭、黄金一带的子午道"别开乾路"之说,并无史实根据。

李之勤教授就子午新道疑问,向权威与定论作出的挑战,至今无人回应。其挑战的意义和无人回应的境况,让人反思三个问题:其一,在秦岭古道的现代研究中,应该更加严谨和深入;其二,对待经典历史文献的方法论问题;其三,人文地理和历史地理的辨证关系问题。

先看第一个问题。在秦岭古道的现代研究中,更加严谨和深入的要求包括史实和文献两个方面。就史实而言,追究的难度之大,不可想象!顾颉刚、史念海两先生的《中国疆域沿革史》写道:"沈约生于当世,已痛感其混淆,因谓'地理参差,其详难举,实由名号骤易,境土屡分,或一郡一县割成四五,四五之中亟有离合,千回百改,巧历不算'。"因之追究史实,其实即是理解文献。李之勤先生质疑定论的历史文献主要是两个:《梁书》卷三九《王神念传》与南宋王象之《舆地纪胜》卷一八九全册的相关内容。根据《梁书》记载,李之勤先生指出:王神念未在今日陕西境内任过职务。根据《舆地纪胜》记载,王神念生前,子午新道皆在魏国境内。因之,王神念是"根本不可能到敌境修子午新道的"!从上世纪80年代《历史上的子午道》到近年《栈道历史研究与3S技术应用》,李之勤先生对子午新道非梁将军王神念开辟的观点,坚持得既久也愈发坚定明确。

权威的定论方面无一正面回应，是什么缘由呢？大概出于追究史实的不可能性，以及文献的多元复杂性考虑。

现在轮到第二个问题：如何对待历史文献的多元复杂性？在秦岭古道研究中，诚然，《梁书·王神念传》与《元和郡县志》的内容观点，还没有差别到水火不相容的地步和程度。但如果真到了水火不相容的地步呢？研究者该何去何从？或曰：让史实来选择。这实际上逼出了一个历史的解释学循环。面对多元复杂性的历史文献，一种谨慎的态度就是中性陈述，而不作真伪判断。这基本就是严耕望先生的治史原则和方法。严耕望先生曾说，历史文献很多，研究历史很难，可能就包含了这个道理。严先生提到过李之勤先生的《历史上的子午道》，对李之勤先生子午新道的分歧观点不作回应，应该也是出于上述理由。相比于严耕望先生的文献考史，李之勤先生更执著于透过文献的史实追究，因而面对两种文献，他作出了《梁书·王神念传》为是，而《元和郡县志》为非的判断。就文献而言，《梁书·王神念传》与《元和郡县志》，还没到水火不相容的严重程度。李之勤先生作出《梁书·王神念传》为真，没有必要非判断《元和郡县志》为假。就史实而言呢？在战争年代，行政区域（文献上的）的国境概念，有别于实际上的活动空间。梁将军王神念到"敌境修路"，让李先生觉得是笑话，我们不妨回忆抗战名曲《到敌人后方去》和小说《敌后武工队》。事实上，史念海先生《河山集（四）》写道："到了梁时，梁军绕到了魏军的后路……"当然，这不是说梁将军王神念到"敌人那边"修子午新道就一定为真，而是说，只要有一点希望，人们就会认为——或者说，希望它是真的。王神念和儿子王僧辩，既是萧梁的著名将军，也是汉民族的国家希望。他们父子名字中的"神念"和"僧辩"就够具有梁武帝时期风格的了。在民族大割据大分裂的黑暗岁月，由王神念那样有信仰的将军来修子午道，来统一中国，即便不是历史地理的事实，也符合人文地理的希望原则。

3 刘邦的"敦刻尔克"

鸿门宴之前,按先约,刘邦先入关,当为关中王。可项羽有 40 万兵,刘邦仅 10 万兵,自然不服。于是,想借鸿门宴之机杀害刘邦。刘邦为了将来一统天下之大计,暂时委曲求全,忍辱去了汉中为王。若非张良劝说,刘邦真想和项羽决一死战,后果将不堪设想。刘邦先入咸阳后,十分羡慕秦朝富丽堂皇的皇家宫阙,但经张良、樊哙劝说,立即回军霸上。不久,刘邦从子午道撤退汉中。《史记·高祖本纪》:"项王使卒三万人从,楚与诸侯之慕从者数万人,从杜南入蚀中。去辄烧绝栈道,以备诸侯盗兵袭之,亦示项羽无东意……八月,汉王用韩信之计,从故道还,袭雍王章邯。邯迎击汉陈仓,雍兵败。"对于《史记》中"从杜南入蚀中"的"蚀中",学界基本认为即子午道。《史记》《汉书》《资治通鉴》等史书都记载,西汉高祖元年,即前 206 年,鸿门宴之后,项羽自立为西楚霸王,并违背"先入定关中者王之"的约定,"立沛公(即刘邦)为汉王,王巴、蜀、汉中四十一县,都南郑"。那么"蚀中"又是指什么地方呢?《资治通鉴》胡三省关于"蚀中"所注说的比较清楚:"汉京兆杜县之南也,如淳曰,蚀入汉中道川谷名。近世有程大昌者著《雍录》曰,以地望求之,关中南面背碍南山,其有微径可达汉中者,唯子午谷在长安正南,其次向西则骆谷,此蚀中若非骆谷即是子午谷。"

东汉《石门颂》写得很明白:"高祖受命,兴于汉中。道由子午,出散入秦。"刘邦从关中杜南进入子午道撤退汉中("道由子午"),4 个月之后,又从陈仓大散关秦蜀道攻回关中,再夺长安("出散入秦");经过 5 年楚汉战争,打败项羽,建立 400 年汉朝帝业。《石门颂》的"高祖受命,兴于汉中",讲的不过是刘邦的战略撤退和最终胜利。刘邦从子午道撤退汉中,让人想起二战中的敦刻尔克大撤退。

1940 年 5 月 10 日清晨,德军 136 个师在 3 000 多辆坦克引导下,绕过马其诺防线以 A,B 两个集团军群进攻比利时、荷兰、法国、卢森堡

等国。德军的主攻方向选在左翼的 A 集团军群,指挥强大的装甲部队,在马其诺防线的北端——曾被视为是坦克无法通过的崎岖而森林密布的阿登山区发动进攻。这让向比利时进军迎战德军右翼 B 集团军群的英法联军大失所料,仅 10 多天时间,德国装甲部队就横贯法国大陆,直插英吉利海峡岸边。北部的联军事实上已经被包围在法国北部的佛兰德地区。5 月 27 日比利时军队投降,40 万英法联军开始全部集中向敦刻尔克撤退,西面的英吉利海峡成为联军绝处逢生的唯一希望。然而,40 万英法联军从英吉利海峡成功撤退,就像 4 万刘邦主力从子午道成功撤退一样。从子午谷撤入秦岭终南山,在关中的地望视觉和意象氛围上,即是一种消失——从京都的杜南消失,司马迁用"蚀中"术语形容,多么贴切传神啊!

刘邦从杜南子午大撤退,与英军敦刻尔克大撤退至少有如下四点可比性:其一,战局的突变性。对于英军来说,是没有想到德国装甲部队,能通过崎岖而森林密布的阿登山区发动进攻。对于刘邦而言,是没有想到作为联军的西楚霸王项羽,能够在天下人面前违背"先入关中为王"的誓约。其二,战略撤退,保存实力。英法联军是 40 万部队,刘邦主力是 10 万人。这与三国诸葛亮的战术失败而归是不同的。诸葛亮的几番兵出祁山是主动性、有准备的,有正式的《出师表》战书。英法联军和刘邦部队则是因为战局突变,没有准备,属于被动无奈。其三,英法联军和刘邦部队由于成功的战略大撤退,保存了实力,最终打败战局突变的主动挑起一方,获得战争胜利。其四,英军和刘邦的战略大撤退,之所以能够获得成功,皆有赖于山河地理形势:英军是英吉利海峡,刘邦是秦岭终南山。这非常不同于前秦苻坚军队的淝水撤退,由于缺少山河地理掩护,一退而失掉天下。刘邦杜南子午大撤退,堪比英军敦刻尔克大撤退,皆是人类历史上最为成功的战略大撤退。

山花烂漫

4 情幽平河梁

宋代民族英雄岳飞的《满江红》唱到："靖康耻,犹未雪。臣子恨,何时灭?"最终岳飞自己,倒是遭到宋室朝廷的杀害;偏安一隅的南宋余绪,也为元朝铁骑彻底践踏。然而汉民族文明的危机、耻辱和痛史并非开始于宋代靖康年代,而是开始于东晋十六国时期(317—420年),史称"五胡乱华"。

西戎北蛮,亦即我们的少数民族同胞,在东晋十六国时期,正式在秦岭北麓要求生息空间。紧追其后的南北朝时期(420—589年),则以历史命名表明:秦岭南北已经属于不同的民族国家,秦岭北麓属于少数民族国家,秦岭南坡才是汉民族国家的领地。周秦汉1500年里以秦岭为国脉中心的国家地理空间彻底打碎,周秦汉时期的国家首都——关中长安已是胡旗飘扬、蛮气腾空。秦岭古道更是南北废塞,东西变主。顾颉刚、史念海两先生的《中国疆域沿革史》写道:"沈约生于当世,已痛感其混淆,因谓'地理参差,其详难举,实由名号骤易,境土屡分,或一郡一县割成四五,四五之中亟有离合,千回百改,巧历不算'。"因之前后250年的魏晋南北朝历史,对于秦岭古道而言,既无辉煌的正面价值可言,客观的描述也几乎没有可能。值得正视的,无非是战乱年代,民族呻吟,其记忆和心情若何?其历史岁月的文化回响怎样?"情幽平河梁"就是一个民族的记忆和心情;"平河梁"的命名在子午古道历史上诚然晚出,但正体现了一种民族记忆和心情的幽深。

平河梁在宁陕县中部,现在称为宁陕县第二大山脉,这个说法是广义的,是历史进步、科技发展的结果。广义的平河梁横贯于宁陕县中部偏东,整个山梁从南向北延伸,主脊由东向西逐渐减缓。平河梁山脉主要的山峰有龙潭子(平河梁山脉主峰,海拔2 679米,位于太山庙乡和旬阳坝镇交界处)、腰竹岭(龙潭子东侧,海拔2 222米,位于旬阳坝镇和镇安县交界处)、鹰嘴石(海拔2 602米,位于太山庙乡东部和镇安县

交界处),青龙垭(大青龙垭海拔2 288米,小青龙垭海拔1 817米,位于城关镇和皇冠镇交界处),古礤墩(海拔1 914米,现在叫古山墩,位于旬阳坝镇和太山庙乡交界处)。

　　狭义的平河梁,指的是宁陕县旬阳坝镇和皇冠镇交界处的平河梁,还有一个小平河梁在宁陕县城关镇境内,大平河梁西南延伸到青龙垭,再向下即是小平河梁,海拔1 930米。平河梁和小平河梁本身都是东西走向,所以平河梁是穿过宁陕县南下的必经之路。历史上的平河梁是狭义的,平河梁在历史上叫做腰竹岭。《一统志》云:"直水在石泉县东,接汉阴县界,一名池河,源出西安府宁陕厅北腰竹岭","腰竹岭在宁陕厅北90里,直水源出此"。"直水"的得名与子午道的正南正北——作为"汉直道"有关;正南正北的王莽子午旧道,作为"汉直道",即以"直水"(今日池河)谷道修建。"腰竹岭"即"直水"西边山梁。萧梁子午新道,先把"腰竹岭"从子午旧道的"直水"借用到西10公里的长安河与月河两岸,后又以"平河梁"命名。说起来,萧梁子午新道的"平河梁""长安河"名称,和王莽子午旧道的"汉直道""直水"的理想主义和地理信仰,倒也一脉相承,师门同源,堪称隔代知音。

　　平河梁海拔2 600余米,盘折而上,行人艰辛之状,不亚于翻越饶风岭。不过,平河梁顶端平坦,气候凉爽,是一避暑的好地方。修"西万公路"时,在平河梁顶发现有石条路遗迹,并有旧房基数间,为条石铺筑,似为古代驿站、店铺遗迹。平河梁南5余公里处为火地塘,"塘"为古代的邮传设置。"西万公路"165.4公里处东南侧的山岭上也有"腰岭关"遗址,这是把旧道上的关名移用于新路。新路上的"腰岭关"关址保存完好,关门是在自然石上凿出的4个大柱孔,直径23厘米,深15厘米,关门宽2.24米。前后关门相距1.88米。古人为使关隘坚牢,

葱绿平河梁

都是设两重门,因称"重门"。如王勃《大散关》诗:"重门临巨壑,连栋起重隈。"(《西安古代交通志》)宁陕县平河梁山顶平坦,草甸绵延,积水如河,溪流纵横。山顶的溪水汇流南下,就是流经宁陕县城的长安河。就自然地形看,平坦的河就是平河梁地名的来源。据历史地理言,平河梁最早得名于南北朝萧梁武帝年间,距今已有 1 500 年的历史了(《宁陕地名志》)。

追究起来,在梁武帝时期,梁朝只有控制了宁陕,才有可能给平河梁起名。那么,在南北朝时期,梁武帝的梁朝势力到底到达了宁陕没有?南朝的梁朝,成立于 502 年,开国者是萧衍(464—549 年),所以梁朝又叫萧梁。萧衍在历史上称为梁武帝,比较有名气。这是因为:一是在位时间长,有 48 年。二是以节俭勤劳著称,每天一食,一顶帽子戴三年,一条被子盖两年,冬天五更就起床办公。三是大力推行佛教,开佛教徒禁止荤食的先河。出家四次,每次都由群臣用巨款赎回,号称"和尚皇帝",还创立了"三教同源说"。四是多才多艺,诗赋文采过人,对七言诗有开拓之功,音乐、绘画、围棋、书法也无所不精。五是对功臣吝啬,对皇亲国戚徇私护短,晚年昏庸。六是死法独特,饿死在禁城。梁武帝与禅宗达摩老祖的故事更是有名。

535 年,北魏的东梁州刺史投降了梁朝,梁朝占有东梁州直至 552 年,东梁州又被西魏攻陷。这样,在梁武帝时期,有效占有安康地区的时间为 535—549 年。根据谭其骧先生的历史地理学巨著《中国历史地图集》,梁朝占有安康时期,控制区域可以到达秦岭南坡,现今宁陕在其控制范围之中,所以梁朝给平河梁起名是有可能的。梁朝之所以给平河梁起这样的名字,是因为子午道改道从平河梁过,对平河梁顶的地理面貌有了客观认识。

古代有个有趣的现象,随着道路的变动,旧路上的地名也会移到新路上来,这在地名学上叫地名漂移。子午道旧道从江口南行,有鸡公梁、七里沟、腰竹岭、腰竹关等地名。子午道新道从江口南行,也有鸡公梁、七里沟、腰竹岭、腰竹关等地名,一模一样。现今的平河梁过去叫腰竹岭,就是从旧道上的腰竹岭借过来的名。为了区别,过去就把旧道上的这四个地名前加个"东"字,把新道上的这四个地名前加个"西"字,现今的平河梁就被叫成西腰竹岭。也许为了好区别,才在近代把西腰竹岭改叫成平河梁的。而旧道上的东腰竹岭现在仍然叫腰竹岭,是宁陕县和镇

安县的界山。广义的平河梁山脉,也是"南山老林"。如果从清代道光年间编辑的《宁陕厅志》来看,19世纪初,还没有平河梁这个名字。平河梁的命名演变,对于人文交通地理的研究,至少有三个重要启示:其一,平河梁以及子午新道,最初是从子午旧道借用名称的。这表明子午新道要么修筑于战争年代,要么未竣工,不遑命名,文化人的缺场是肯定的,这倒也支持了是梁将军王神念修筑的子午新道。其二,《宁陕地名志》记载说,平河梁最早得名于南北朝萧梁武帝年间,距今已有1500年的历史了。这也可能是后设叙事。后设叙事的出发点当然是基于希望原则。其三,子午新道的平河梁,最初的腰竹岭名称,是从子午旧道上借过来的。而今,子午新道的平河梁名称,却反哺旧道和宁陕河山:不仅出现了广义的平河梁和狭义的平河梁,还出现了小与大的平河梁名称。出现晚,却也有不可限量的生命力。平河梁正在走出历史,走进现代人文地理的希望原则。

诗圣杜甫有诗云:"杀人亦有限,列国自有疆。苟能制侵陵,岂在多杀伤。"(《前出塞九首》其六)是啊,南北朝的平河梁起名,或许是个传说。然而这个命名传说,却能体现梁武帝统一中国的抱负胸怀,能体现子午新道的地貌特征,更能体现出一个民族在苦难岁月中的和平希望。

平河梁山色

5 子午道探微

秦岭子午道的名称，最早见于《汉书·王莽传》："元始五年秋，莽以皇后有子孙瑞，通子午道，从杜陵直绝南山，径汉中。"西汉末，王莽持政，把自己的女儿嫁给了汉平帝当了皇后。5 年，皇后成人，可以生儿育女了，王莽很高兴，说"皇后有子孙瑞"。为了庆祝，他开通子午道，径直通往"汉中"。于是这条刘邦曾走过的大道就有了子午道的名字，这条山谷也就叫子午谷了。这条大道早已存在，王莽的开通，实际上是疏通得更宽更好，使它成为国家正式驿道。

子午道通往的是现在的安康市，而不是现在的汉中市。远在战国时期，现今的安康市和湖北竹山一带有一个庸国，楚国灭了庸国，设立了汉中郡。为什么叫汉中郡，是因为安康和竹山一带都在汉水中游。战国时候郡都设在国土的边缘，是和战争有关。秦国占有了汉水上游，即南郑（现今的汉中市），向南向东都虎视眈眈，楚国为了防止秦国从南郑东下，被迫设立了汉中郡，加强防御。前 312 年，秦国丹阳一战，大胜楚国，夺去了楚国的汉中郡。秦国依然称之为汉中郡，但把南郑划入到汉中郡里去了，于是秦国的汉中郡多了汉水上游的南郑，比楚国时的汉中郡大多了。秦国汉中郡的郡治在西城（现今的安康市汉滨区），汉承秦制，西汉汉中郡的郡治仍然在西城。因为汉中郡的郡治在西城，所以那个时代，说"汉中"，就是指的西城，如果要说汉中郡所属的南郑，就是直称南郑，不会叫成"汉中"的。秦、西汉等朝代，"汉中"就是指的现今安康。

古书云："北山是子，南山是午，共成子午道。"可见子午道是因其南北走向而得名。但以前研究子午道者，老是疑惑，为什么子午道不是正南正北？他们错就错在不明白子午道通的是现今的安康市，而不是现今的汉中市。子午道的北口，没有异议，就是西安市长安区子午镇西的子午谷。子午道的南口，有说是汉中市西乡县的子午镇或汉中市洋县的龙亭镇，也有说是安康市石泉县的池河镇。笔者以为极有可能是安康市汉

滨区大河镇的汉王坪,因为这个地方有一个古城遗址,面积是 500 米×600 米,历经战国、秦汉、两晋、南北朝,是同时期陕南地区最大的城镇。查西安市子午谷口位于东经 108 度 52 分,汉中市西乡县子午镇位于东经 108 度 2 分,汉中市洋县龙亭镇位于东经 107 度 39 分。经度差一度距离就差 100 公里左右,汉中市的这两个地方和子午谷当然就不是正南正北。再看安康市石泉县池河镇,位于东经 108 度 20 分,安康市汉滨区大王镇汉王坪位于东经 108 度 48 分,和西安市子午谷口的 108 度 52 分相比,基本上就是正南正北方向。古人把通往西城(现今安康市汉滨区)的大道称做子午道,是非常有道理的,可见中华民族当时的科技水平确实名列世界前列。

汉代子午道的走向是:从西安子午谷进山,翻过土地梁,进入沣河河谷,沿沣河河谷南行。过了关石(即石羊关、子午关),翻过秦岭梁,就到了秦岭南坡,下宁陕县江口镇,过汤坪,涉月河(溯月河的一条支流),进腰竹沟,南上平河梁山脉东端的古礤墩。古礤墩现名古山墩,是古代的姜子关所在地,系当时的交通要道。下了古礤墩,沿从古礤墩发源的池河(池河古称直河,河谷称为直谷)南下,经过营盘、太山庙乡、火镰砭、龙王镇、铁炉坝进入石泉县境内。过迎丰镇、中池,就到汉水边上的池河镇了。池河在池河镇汇入汉水。从池河沿汉水东南下,过汉阴县就是那时候的"汉中"(那时的汉中郡治西城即现今的安康汉滨区)了。这

条道被称为子午道旧道。池河镇也有一处历经战国、秦、汉、两晋、南北朝时期的古城遗址,规模比安康市汉滨区大河镇的汉王坪古城遗址小一些。池河镇的古城遗址就是南朝直州城所在地,当地居民称做汉王城。

据笔者研究,子午道更有可能的走法是

子午古道石碑

不从宁陕县龙王镇火镰砭南下池河镇,而改为东行,翻越佛爷岭,进入恒河,顺恒河南下到安康市汉滨区大河镇的汉王坪。汉王坪位于恒河东岸,南下不远就是月河川道,也就是安康盆地。月河川道号称"白菜心",自古以来就是安康土地最丰腴、经济最发达的地区。这条大道一直是安康市通往西安市的山间大道,直到1960年西万公路建成,这条最古老的子午道才告别了历史。所以,子午道南口除了石泉县池河镇的汉王城,还有一个就是安康市汉滨区大河镇的汉王坪,或许汉王坪就是最初的南口。

子午道新道以宁陕县江口镇为界,北半段与汉魏旧道一样,南半段则向西翻过鸡公梁进入月河河谷。沿河谷西南上,到旬阳坝镇,南翻平河梁,进入长安河谷,顺谷南下,经关口(现宁陕县城)、汤坪到石泉县的两河镇,再沿子午河南下到达西乡县的子午镇。从子午镇到洋县桑溪坝,绕黄金峡大弯曲而西,过黄金峡镇就到达洋县龙亭镇。子午镇和龙亭镇就是通向汉中的子午道的两个南口。从汉中到安康的路线,有一段路是必经之路,这就是从洋县龙亭镇向东经过西乡县子午镇,再经石泉县饶峰镇、石泉县城,到池河镇。这一段路,也被认为是子午道的一段。因为汉魏时,关中地区如果走子午道去现今的汉中,是先到池河镇,再沿着上述的一段路到洋县龙亭镇的。

子午道新道据说是南朝萧梁王神念将军所开。唐朝地理名著《元和

悠长子午道

郡县志》记载："子午道有新、旧两道,两汉、三国、晋代循旧道,南北朝又辟新道。旧道在金州安康县界,梁将军王神念以旧道缘山避水,桥梁百数,多有毁坏,分别开干路,更名子午道。"仅从现有历史资料来看,梁将军王神念开子午新道的证据是不充分的。子午道并非就是一个新道一个旧道,在平河梁山脉至少还有两条重要支线。一条支线是在旬阳坝西翻东峪河梁进入东峪河谷,沿河谷下行,走金鸡河、汶水河,过龙王坪,再走子午河,就到了石泉县两河镇,和子午道新道会合。因为这条道在新道西边,暂时叫它子午道西新道。东峪河谷里有居民点称栈房,是因为有人在这里开客栈而得名,有村庄名龙头,是因为在这里出土了龙头状石雕而得名,可见这条道当年也是很繁华的。龙王坪有汉魏墓葬,证明这条支线的使用要早于子午新道。

　　另一条支线是在旬阳坝古磙墩东翻腰竹岭,进入镇安县甘岔河谷,经杨泗乡,进入旬河,沿旬河南下,过庙沟乡,最终到达旬阳县,在旬阳县溯汉水而上,不远就是安康市汉滨区。走旬河,还有一种走法,就是在旬阳坝月河坪沿月河河谷东行,经镇安县月河乡,月河和甘岔河汇流,再东行进入旬河,沿旬河南下过庙沟。这条支线是子午道通往安康市汉滨区的很古老的线路,在庙沟乡曾发现过战国和汉代的遗迹。走这条支线如果越过旬河再向东,进入金钱河谷,沿金线河南下,就到了湖北上津古城,也是一条历史上发生过军事行动的走法(终南樵夫)。

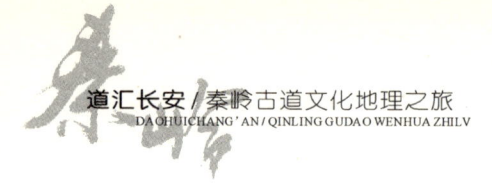

6 幸福荔香道

　　杜牧《过华清宫》诗云："长安回望绣成堆,山顶千门次第开。一骑红尘妃子笑,无人知是荔枝来。"唐代荔枝的北运,因杨贵妃的食用,既颇具规模,又极富传奇色彩。关于杨贵妃所食荔枝的原产地,唐代史籍多记录为两广岭南,宋朝史籍又记录为巴蜀涪陵。严耕望先生《天宝荔枝道》所论甚详,经过辨证认为:两广岭南和巴蜀涪陵,都有可能是杨贵妃食用荔枝的原产地。《唐国史补》卷上云:"杨贵妃生于蜀,好食荔枝。南海所生,尤胜蜀者,故每岁飞驰以进。然方署而熟,经宿则败,后人皆不知之。"《新唐书》卷二十二《礼乐志》云:天宝十四年(755年)六月,"帝幸骊山,杨贵妃生日,命小部张乐长生殿,因奏新曲,未有名,会南方进荔枝,因名曰《荔枝香》"。

　　"荔枝"两字出自西汉,而栽培始于秦汉,盛于唐宋。古名离枝,意为离枝即食。荔枝栽培史可上溯到汉武帝时期,司马相如《上林赋》已有记载。因其风味绝佳,深受喜爱,唐代或更早即已列为贡品。镇巴县位于陕西省南端,这里山高谷深,也是历史上贯穿秦蜀交通要道的必经之地和兵家相争的要害地方。因此,这里贯通南北的交通称之为"小巴间道"或"达涪道";在历史上对这条道有着重要记载的文字就是唐朝,这是古蜀道中名气最大的驿道之一,后世称之为"荔枝道"。

　　据《旧唐书》《新唐书》等史籍记载,唐天宝年间,唐玄宗为满足宠妃杨玉环食新鲜荔枝的喜好,颁旨从四川涪州专驿传送,建起一条专供荔枝运输的驿道,被称做"荔枝道",全程1 000多公里。严耕望先生《天宝荔枝道》所论甚详。

　　唐天宝荔枝道,由南北两段构成:北段即从唐代都城长安到今日汉中西乡县的子午道,穿越秦岭南北,大约500公里。南段即从今日汉中西乡县的子午道口出发,经陕西镇巴县到达四川万源市,再从万源市经达州市、大竹县到达重庆市涪陵区。唐天宝荔枝道的南段,因穿越四川

文化地理书系 秦岭

达州市与重庆市涪陵区，也叫"达涪道"，因穿越巴山也叫"小巴间道"，全长大约 500 公里。

镇巴境内的驿道是荔枝道的南端，又称小巴间道，即从长安出发，经子午道入西乡境内，从今西乡堰口逆泾洋河而上，经罗镇、司上、杨家河，越九龙砦（陈家滩）至定远，再经固县坝（镇巴县城）、渔渡坝、盐场关至太平（今四川万源），行程 230 公里，唐时此道广设驿站，盛极一时，官商邮旅称便。北宋时，一度荒废，李复曾议修复，其《橘水集·与王楷书》有记述："自洋南至达州，往日曾为驿程，今虽坏废，兴工亦不难矣。"明清时，成为川陕往来客商的重要道路，此道再度兴盛，《三省边防记》称之为"川陕要道"。

唐代的荔枝道，正是在这条小巴间道路线的基础上开辟出来的。

今之荔枝道

《大唐六典》记载：唐代驿道每隔 30 里设 1 个驿站，最盛时全国各地驿道总共有 1 639 个驿站，驿道工作人员 2 万余人。要数最繁华的就是这条荔枝道了，负责运鲜荔枝的驿使，把采摘下的荔枝带叶密封于所砍下的竹筒中，一是土法保鲜，另外是防止路途中挤压，然后装笼上马：30 里一换人，60 里一换马。"日夜兼程，紧鞭急蹄，保证在 3 天 3 夜时间中，把鲜荔枝送到长安。"其速度之快，相当于当今的"特快专递"了。

回过头来探究一

下，从中国地图上来看，唐明皇为何不去荔枝的盛产地两广，而要沿此道去川东南取荔枝呢？经过调查，主要有两个原因，一是杨贵妃是四川忠县人，属涪陵郡，《华阳国志·巴志》载："东至鱼腹（今四川奉节），西至子午道，北接汉中，南极黔涪……其果实之珍者，树有荔枝……"可见，首先，属于亚热带气候的川东南，当时是产荔枝的。杨玉环幼时在老家即爱食此物，当了贵妃后仍念念不忘乡情。其次，长安至川东南如经褒斜成都，绕道何止六七百里，权衡之下，以走子午道进镇巴境内入蜀为最近，于是荔枝道便成为唐朝最繁华的一条驿道。

杨贵妃嗜食荔枝在历史上是出了名的，唐玄宗对她"三千宠爱在一身"也是青史留名的，于是便导演出一幕"驿传荔枝"的闹剧。当时驿贡荔枝是一件性命攸关的大事，只要爱妃能吃到鲜荔枝，沿途马死人亡在所不惜。杜甫诗云："忆昔南海使，奔腾献荔支。百马死山中，至今耆旧悲。"（《病橘》）明人陈继儒《珍珠船》卷三记载，"帝幸蜀至马嵬，赐妃死。妃泣曰：'乞容礼佛。'帝曰：'愿妃善地受生。'力士遂缢于佛堂梨树下，才绝，而南方进荔枝到。上长号，使祭之。"张祜《马嵬坡》："旌旗不整奈君何，南去人稀北去多。尘土已残留粉艳，荔枝犹到马嵬坡。"从某种意义看，不仅百马死于荔枝道的山中，杨贵妃也死在荔枝道的芳香中，并且唐朝的天宝盛世也断送于子午道的荔枝驿运！

春山如笑

7 子午玄都观

在秦岭几大古道中,子午道也许不是最有名的,却无疑是最为玄妙的。在政治浪漫性上,它有唐朝时人已经叹息的"千里送荔枝"。就正史记载看,它源出《汉书·王莽》的新政理想主义,其命名"子午"者,是不折不扣的形上学,或者叫做形式主义。因之,它给人们的误解也最多。首先,它的命名本身就够抽象的:傥骆道的名字源于傥水骆河,褒斜道源于褒斜二谷,蓝武道源于蓝田武关,秦蜀古道也源于地名,"子午"又是什么呢?其次,贯通秦岭南北千里的子午古道并不在子午谷,而在沣峪河(秦岭北麓)与直河(秦岭南坡),因为不存在子谷和午谷,就像褒斜谷与傥骆谷那样。秦岭北麓的子午谷7.5公里左右长度,子午古道却长逾500公里。其三,赫赫有名的子午关既不在子午口,也不在子午谷,它在长安沣峪内,即沣峪石羊关,何以至此呢?用一句话回答就是:这是理想主义——双重理想主义造成的麻烦现实。

最先的理想主义来自于汉武大帝刘彻。除显赫的文治武功之外,汉武帝对巫术和宗教同样极其热衷。汉武帝为求长生不老,派人到处寻访方士。最著名的方士栾大,被封为五利将军、天道将军、地道将军、乐通侯,"赐列侯甲第,僮千人,乘舆斥车马帷帐器物以充其家",汉武帝还将卫长公主嫁给了他。卫长公主可是汉武帝最喜欢的女儿啊!而"巫蛊之祸",使得汉武帝失去阳石公主、诸邑公主和太子。名山大川的传统封禅,汉武帝也是乐此不疲。终南山玄都坛,即来自于汉武帝的封禅活动。封禅活动从精神信仰讲是复杂神秘的,从政治权力讲属高度机密,生活在汉武帝身旁的司马迁在《史记》中也承认难究其详。关于其对封禅的热衷程度,用司马迁《史记》记载汉武帝的话说:"吾诚得如黄帝,吾视去妻子如脱屣耳。""又作甘泉宫,中为台室,画天、地、太一诸鬼神,而置祭具以致天神。""天神贵者太一"。地点就是"南山巫祠南山秦中。"子午谷旁的太乙宫,今日犹存。太乙宫和玄都坛都是汉武帝"置祭具以致天

神"的神圣场所。孔子《论语》云："神鬼之事，吾也难明。"仅就玄都坛天文地理上的成就，今人已经有所发现："玄都坛在西安南边终南山子午谷里，是祭天的神坛。玄都是道家认为神仙居住的场所，在玄都建坛，自然是很吉祥的事情。这个坛是西汉武帝建的。在西安北边三原县境内，有一座山叫嵯峨山，日本历史上有一个著名的嵯峨天皇，其年号便来源于这座嵯峨山。那时日本宏仁天皇派使者入唐，碰上唐德宗去世，葬在嵯峨山。三原的嵯峨山下有个嵯峨乡，嵯峨乡有个天井岸村。'天井岸'顾名思义就是在'天井'的岸边，那儿还真有一个天井，直径260米，深36米，像个平底圆盆。这个天井是人工挖掘的，是西汉天齐祠遗址所在地，'天齐'就是'天之脐'，也是祭神用的。从这个'天之脐'向南划一条直线，穿过汉长陵和汉长安城，直达子午谷玄都坛，74公里长的一条直线，与现代天文学上的子午线的平行达到了惊人的准确度。古代中国人真是叫人不可思议！"

汉武帝之后，子午谷的理想主义者是新政大帝王莽。对于王莽，两千年以来，人们的态度是否定的，是漫画扭曲的。近年，葛承雍先生的《王莽新政》开始有所平衡，王莽理想主义的方面渐为人知。王莽理想中的神秘成分，跟汉武帝并无两样。其具体的希望是，借助子午道南北直线的开通，辅助其已是皇后的女儿。南子北午，就地理方向言，是正南正北；就信仰功能讲，有益于皇道亨通。因而，王莽所开辟的子午道，北口

终南小五台

（子）落在今子午峪，南端（午）落在直河。王莽参照的地标建筑，秦岭北边是京都长安，秦岭南边是洋州安康，完全处于南北直线上。汉武大帝和新政王莽在文治武功上，当然不可同日而语、相提并论，但在子午谷玄都坛的理念信仰上，却都同样执著，并无二致。

8 子午石羊关

　　八百里秦川孕育了灿烂辉煌的长安文明，关中平原是汉唐文化的故乡。八百里秦川也叫关中平原。关中平原以"关"相称，关中之名，始于战国时期。它西有大散关和关山，东有华山潼关（函谷关），南有武关，北有萧关，为四山关隘之中。四方的关隘，再加上陕北高原和秦岭两道天然屏障，使关中成为自古以来兵家必争之地。古人习惯上将函谷关以西地区称为关中。《鸿门宴》："沛公欲王关中，使子婴为相。"《过秦论》："始皇之心，自以为关中之固，金城千里，子孙帝王万世之业也。"在关中之中，秦岭子午关军事上不算著名，文化上却绝对殊胜。先听两首唐诗对子午关的吟唱。

　　唐朝杨凝《送客入蜀》云：

> 剑阁迢迢梦想间，行人归路绕梁山。
>
> 明朝骑马摇鞭去，秋雨槐花子午关。

　　杨凝（？—803年）唐代诗人，字懋功，虢州弘农（今河南灵宝县南）人。早年与其兄凭、弟凌皆有才名，时人称之为"三杨"。大历十三年（778年）杨凝进士及第，终兵部郎中。唐人送行诗，述及友人别后所经旅途，往往由近及远，而此诗则另辟蹊径，叙写客人的行程由远而近：先是金牛古道上的剑阁，继而写陕西南郑县东南的梁山，最后才出现离长安最近的子午关。在秋雨槐花时节，"秋雨"中离去，"槐花"盛开的春日归来，"骑马摇鞭去"的欢快是偏义复指。杨凝《送客入蜀》诗艺上与杜牧的《入武关》异曲同工。杜牧《入武关》"东西南北数衢通，曾取江西径过东。今日更寻南去路，未秋应有北归鸿"，也是离开长安时就想到回到长安。杨凝《送客入蜀》之外，描写子午关的诗是李白的《答长安崔少府叔封游终南翠微寺太宗皇帝金沙泉见寄》：

> 初登翠微岭，复憩金沙泉。践苔朝霜滑，弄波夕月圆。
>
> 饮彼石下流，结萝宿溪烟。鼎湖梦渌水，龙驾空茫然。
>
> 早行子午关，却登山路远。拂琴听霜猿，灭烛乃星饭。

文化地理书系
秦岭

李白在天宝十四年(755年)五月,于金陵出发,途经当涂、秋浦、寻阳、兰溪、汉阳、安陆、洛阳、华阴等处,六月初到长安。留京三月,终以献策未遂,干谒无成,悲愤绝望,料时有变,乃于九月中旬拂袖出京。由长安县南之子午关入,从洋州东之龙亭口出,沿汉水,下岚河,越大巴岭,抵巫山。李白的《答长安崔少府叔封游终南翠微寺太宗皇帝金沙泉见寄》,是人在巴山楚水,对长安崔少府的应答诗,也是一首回忆南山的诗。在这首回忆南山的诗中,李白提到的南山地名有:翠微岭、金沙泉、鼎湖和子午关。翠微岭有唐朝皇家翠微寺,太宗李世民驾崩于此。李白的"复憩金沙泉",显然一语双关,"金沙泉"代指"黄泉"。诗中的"鼎湖"指汉武帝鼎湖延寿宫,在蓝田焦岱镇。汉武帝劳民伤财,梦想升天,最终归于失败,对此李白以"龙驾空茫然"概括。在诗中,无论唐太宗的翠微岭,还是汉武帝的鼎湖宫,都充满了悲伤空茫的情绪。然而子午关,在李白的记忆里,是"拂琴听霜猿,灭烛乃星饭"的宁静超远世界,因而他才不辞山高路远,清晨即行,体现出急切向往的心灵状态。

子午道关隘甚多,以石羊关最险,它们于西万公路南行至52公里处,凿于狭隘陡峭的悬崖上,也叫子午关。从沣峪口进山,过黎元坪、九龙潭、喂子坪、黑沟桥……一路是亭台楼阁,山花流水,景色美不胜收。前方,一左一

秋意石羊关

右两座光秃秃高耸的大山挡住去路,一座石桥从两座山间通过。过桥之后,见右边山峰石壁上刻有三个巨大、苍劲、威武的红字:"石羊关"。两旁的大山,像两座大石门,真可谓是一夫当关,万夫莫开的终南关隘。再往前,路左边立一牌坊,中间上书"石羊关"。山峰近顶处,惟妙惟肖的一只石羊正在向关口眺望。它不分昼夜寒暑,忠实地在这里守关,时间长得已不能用"千、万"年来记数了。再向前行百米左右,又立一牌坊,上书"子午古道"。《元和郡县志》载:"子午关在(长安)县南百里。王莽通子午道,因置此关。"附近两岸高山巨石,紧束沣河,天似一条线,地为一峡谷,山如一裂缝,河若一盘龙,地形异常险要。当地谚语说:"石羊关,鬼门关,进门都把命交天。"

9 "杜南即蚀中"——"明修栈道,暗度陈仓"考

本节的三个要点是:①"明修栈道,暗度陈仓"的出典和相关史实。②司马迁《史记》"蚀中"的天文地望分析。③"明修栈道,暗度陈仓",在汉语文化中的广泛语用与史实暧昧的巨大对比落差,基本原由是什么?先从第一点开始。

李之勤先生《陈仓古道考》写道:"作为一个地理实体,陈仓古道实指汉中、关中间秦岭山区的一条谷道。据说这条谷道曾是秦汉之际刘邦北定三秦、韩信'明修栈道、暗度陈仓'之路。但此说源于宋代平话、元代杂剧,于史无徵,并非事实。而陈仓古道之名却由元代而历明清,流传至今。"《汉语大词典》"明修栈道,暗度陈仓"条给出的出典也是元代杂剧:元代无名氏《暗度陈仓》第二折:"着樊哙明修栈道,俺可暗度陈仓古道。这楚兵不知是智,必然排兵在栈道把守。俺往陈仓古道抄截,杀他个措手不及也。"元代尚仲贤《气英布》第一折:"孤家用韩信之计,明修栈道,暗度陈仓,攻完三秦,劫取五国。"综上可知,"明修栈道,暗度陈仓"出典的时间上限是宋,而大盛于元朝,流行于今。相关史实多出于《史记》,主要是以下几则:

"沛公为汉王,王巴、蜀、汉中,都南郑。……汉王之国,项王使卒三万人从,楚与诸侯之慕从者数万人,从杜南入蚀中。""八月,汉王用韩信之计,从故道还,袭雍王章邯,邯迎击汉陈仓。"(《史记·高祖本纪》)《汉书·高帝纪》亦载:"夏四月,诸侯罢戏下,各就国。羽使卒三万人从汉王,楚子、诸侯之人慕从者数万人,从杜南入蚀中。去辄烧绝栈道,以备诸侯盗兵袭之,亦示项羽无东意。"《史记·留侯世家》写道:"汉王之国,良送至褒中,遣良归韩。良因说汉王曰:'王何不烧绝所过栈道,示天下无还心,以固项王意。'乃使良还行烧绝栈道。"《史记·淮阴侯列传》写道:"八月,汉王举兵东出陈仓,定三秦。"

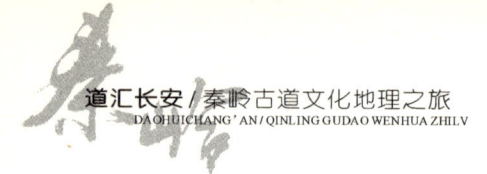

《史记》有"汉王用韩信之计,从故道还"和"八月,汉王举兵东出陈仓","暗度陈仓"在史料层面完全坐实。"明修栈道"呢,《史记》只是写了烧毁栈道,未明写修栈道。"明修栈道"是宋代平话、元代杂剧高唱的文学真实,"明修栈道,暗度陈仓"成了国人耳熟能详的成语掌故。是的,"明修栈道"在《史记》并不明确,将之归于"于史无徵,并非事实"却也过火。《史记》明确记载:"八月,汉王用韩信之计,从故道还。"既然是"计"——争霸天下之计,非文本雕虫小技,还能够弄成1加1那么明确同时也简单吗?源于生活(历史),又高于生活(历史),这是历史伟人明确说过的,也是希腊哲人《诗学》两千年前的明确观点,更让宋代平话、元代杂剧"明修栈道,暗度陈仓"的巨大影响和成功完全得到证明!从历史思想和学术角度看,即便"明修栈道"无法弄清,那么刘邦烧毁的栈道是在哪一条秦岭古道呢?至少得问:刘邦是从哪一条秦岭古道去当他的汉中王呢?

刘邦去汉中的路线,主要有两说:

1. 子午道说。《史记》《汉书》均引注:"蚀,音力,在杜南。"如淳注:"蚀,入汉中川谷名。"杜,是指长安之南杜县。今人任乃强《华阳国志校补图注》中,认为"蚀中"即西城(今安康)。《水经注》载:"汉水又东合直水……水北出子午谷岩岭下,又南,枝分东注。旬水又从南苏阁下,山上有成,置于崇阜之上,下临深渊。张子房烧绝栈阁,示无还也。"这段记载,间接述及刘邦来汉中经由子午道。程大昌者著《雍录》:"以地望求之,关中南面碍南山,其有微径可达汉中者,唯子午谷在长安正南,其次向西则骆谷。此蚀中,若非骆谷,即子午谷。"清顾祖禹《读史方舆纪要》载:"子午谷,……南口曰午,在洋县东百六十里;北口曰子,在长安府南百里。谷长百六十里,或曰即古蚀中也。项羽封沛公为汉王,都南郑。汉王之国,从杜南入蚀中,去辄烧绝栈道,盖即此。"今人王开主编《陕西古代道路交通史》,史念海先生、辛德勇先生皆主张子午道说。

2. 斜谷道说。宋《舆地纪胜》载:"褒谷,……张良送高祖至褒中,说烧绝栈道;曹操出斜谷,军遮要以临汉中;诸葛亮由斜谷取郿,皆此道也。"清顾祖禹《读史方舆纪要》引:"胡氏曰:汉高为汉王,从杜南入斜谷,张良送至褒中,意此即斜谷旧道。"如何理解东汉《石门颂》中"高祖受命,兴于汉中。道由子午,出散入秦。建定帝位,以汉氏焉"。持刘邦由

子午谷来汉中之说者，认为这是最有力的证据。然对这几句的理解，关键是如何断句。按古文的一般规律及该文音韵语气，两小句为一较完整语意，应标点为句号。这样，"道由子午"，不是说高祖由子午谷来后而兴于汉中，而是说由子午谷"出散入秦"。郭荣章先生对此曾提出过疑问：子午道与散关"一在东，一在西，其间相距千里之遥。道由子午是不能出散入秦的。出散入秦，当时只能走故道，根本不经子午道"（郭鹏）。

现在看东汉《石门颂》的记述："高祖受命，兴于汉中。道由子午，出散入秦。建定帝位，以汉氏焉。后以子午，途路涩难。更随围谷，复通堂光。凡此四道，垓鬲尤艰。""高祖受命，兴于汉中。道由子午，出散入秦"，已经够明确的了！问题仅仅在于，"蚀中"作为地理名称，空前绝后，仅出现于司马迁《史记》和《汉书》对子午道的描述。"蚀中"成为《史记》的司马迁词汇。"蚀中"前无古人，无先秦文献可查。后无来者，至少东汉《石门颂》中的"道由子午"，已经选择王莽的"子午"新政，而不用"蚀中"旧称。子午谷在《史记》之前既然没有专门名称，司马迁就只能以个人经验来描述命名。"蚀中"来自于何种地望与经验？

其一，《史记·秦始皇本纪》描写阿房宫："先做前殿阿房，东西五百步，南北五十丈，上可以坐万人，下可以建五丈旗。周驰为阁道，自殿下直抵南山。表南山之巅以为阙，为复道。自阿房渡渭，属之咸阳，以象天极，阁道绝汉抵营室也。……象天极，阁道绝汉抵营室也"为天上中心，阿房宫为地表中心。"周驰为阁道"即连接天和地的中心大道。阿房宫位于丰镐户杜之间，正是子午谷，正是"蚀

秦岭古栈道

中"道。太史公另以"隐宫"喻之,亦表"蚀中"之义。"隐宫"与自己所受的残酷宫刑有关,更有对阿房宫堂皇"营室"的轻蔑有关。阿房宫即"隐宫",隐宫即"蚀中",这就是太史公的史学和诗学。"子午""蚀中""直星"还有"隐宫",皆为阿房宫意象地望,皆"以象天极,阁道绝汉抵营室也"。阿房宫"自殿下直抵南山",阁道不仅修到南山,而且修进南山,这就是秦岭栈道。

其二,《史记·天官书》:"斗口三星,随北端兑若见若不,曰阴德……后六星绝汉抵营室,曰阁道。"《尔雅》载:"营室谓之定。""定,正也。作宫室皆以营室中为正。"(《三辅黄图校注》)子午者,谓南北之"正"也。"若见若不,曰阴德",消逝星相,即"蚀中"。

其三,《三辅黄图校注》写道:"武帝时祭泰乙,上通天台,舞八岁童女三百人,祠祀招仙人。祭泰乙,云令人升通天台,以候天神,天神既下祭所,若大流星,乃举烽火而就竹宫望拜。""泰乙"即太乙,子午谷口有太乙宫。"大流星"即司马迁命名"蚀中"的地望现象和根据。用西汉《淮南子说林训》的话说:"月照天下,蚀于詹诸。"刘安的"蚀于詹诸"和司马迁的"蚀中",已经多么接近啊!"最后是'玄',它表示蓝黑色,一种形式看来像是一条大蛇或一个人隐藏在某种遮盖物的下面。"(李约瑟《中国科学技术史》)"玄"的黑色,表示消失和看不见;"玄"的本质据"中",龙树有《中观论》。子午谷有汉武帝玄都观,司马迁谓之"蚀中"。综上分析可见:司马迁《史记》中的"杜南入蚀中",等于说"杜南即蚀中"。天文、地理和阿房宫皆表明:"杜南即蚀中!"至于刘邦如何从"蚀中"(子午道)到汉中包括"褒中",虽然有关联,已经属于另外一个问题。史念海诸先生都作过辩证:"《汉书·高帝纪》:'张良辞归韩,汉王送至褒中。'是汉王、留侯相别,乃至南郑以后之事。故褒中之别,乃汉王送留侯,非留侯送汉王也。"

"去辄烧绝栈道",应该发生于子午谷。《史记·淮阴侯列传》中的"遂听信计,八月,汉王举兵东出陈仓,安之秦",《史记·高祖本纪》"八月,汉王用韩信之计,从故道还,袭雍五帝邯"皆表明,"暗度陈仓"确是韩信之计。"明修栈道",《史记》并未明说,明说的只是烧了栈道。来自于"明修栈道,暗度陈仓"的"声东击西",已是军事战略术语和兵法中的三十六计。如果从军事战略的机密性和奇袭性看,"明修"的"栈道"应该是子午

道。因之，从《史记》出发，讨论"明修栈道"是无明确基础的，争论"明修"了哪一条秦岭栈道更无望。但为烘托韩信之计，为与"暗度陈仓"联袂，"明修栈道"也的确是一个有益的智力游戏和想象空间，也诚为宋元文化的一个巨大创作和收获。如果将之仅仅作为一个具体的史实而争论，则甚无谓也无益。"明修栈道，暗度陈仓"问题的重心，并不在汉初韩信用兵的史实探讨，而在宋元文化的心性理解。

宋元文化对"明修栈道，暗度陈仓"的巨大渲染，源于对韩信的同情。对韩信的命运同情，来自于对皇帝（比如称刘邦为刘郎、刘老二）绝对权力的消解与个体性地位的价值关切。对个人的价值关切，宋元文化借助韩信的悲剧来表达。"明修栈道，暗度陈仓"源于韩信悲剧命运之强调，而非历史事实之求证。它更多是与宋元文化心性的对话，而非与《史记》史实的对话。基于宋元文化心性情结的"明修栈道，暗度陈仓"，一旦要落实于秦岭古道，歧误多着呢。然而，它对秦岭古道的声名传播，贡献甚大！在文化地理研究中，人文地理不同于历史地理，透过"明修栈道，暗度陈仓"这一公案，明白多了。

层峦叠嶂

文化地理书系

道汇长安／秦岭古道文化地理之旅

第六章／秦楚大道驿魂

秦楚大道：备忘录与数据库

秦楚大道作为秦岭古道之一，在历史上曾发挥过重要的作用。其沿途的著名关隘与驿站也屡见于史籍，为世人所熟知。无论是秦楚大道之长，还是其所连接的两个大国——秦与楚在历史上显赫一时的地位，都使得秦楚大道成为世人关注的焦点，而所有这些也组成了有关秦楚大道历史的备忘录与数据库。

1. 备忘录。名称：秦楚大道。曾用名：蓝田道、蓝关道（北端），武关道、商於道（南端），及蓝田武关驿道（《唐代交通图考》）、丹江通道（现代学者）。正名依据：陕西省简称秦，两湖（湖北和湖南省）为古代楚国。此道穿越秦岭、巴山，"为秦、楚间之交通孔道"（严耕望《蓝田武关驿道》），历史上又曾是国家第二大道，因此以秦楚大道作为其正名。山路起讫位置：西安蓝田秦岭北麓玉山镇，到陕西商洛丹凤县蟒岭南麓武关镇。秦楚大道的岁月历程：史前为蓝田猿人至半坡文明；史后为商朝（前1000年）到近代（1930年近代公路出现）。著名关隘：蓝田关和武关。知名驿站：灞桥驿、青泥驿、蓝桥驿、仙娥驿、棣华驿（武关以北），武关驿、青云驿、分水岭、阳城驿（豫陕分界），商於驿（武关以南）。著名典故：楚相哭秦、灞柳伤别和魂断蓝桥。有关历史人物：秦始皇（帝），西楚霸王（王），白起（将），商鞅（相），白居易、元稹、温庭筠（才子），虞姬、秦女（佳人）。文化意义：严耕望先生在《唐代交通图考》中称秦楚大道为"蓝田武关驿道"，它以蓝田和武关为标志，是人类和平（蓝田）与战争（武关）的二重奏与象征，是秦始皇统一之路，屈原"国殇"之路，盛唐名利之路，桃源仙境之路。

2. 数据库。西安咸阳与楚国郢都（湖北江陵县）距离1 000多公里（唐代杜佑《通典》和今《陕西省地图册》）。山路距离：西安蓝田玉山镇和商洛市丹凤县武关镇为200公里，古道的曲度以3倍计算，则山间道路总长度在600公里左右。栈道比例在1/50与1/10之间，最多通行战车

数记录为秦将王翦500辆以上。栈道总长度近乎150公里,栈道宽达5米多。最多用兵人数为秦将王翦60万。楚国郢都4次迁址,4次迁址的距离(从湖北江陵,经过河南淮阳等,到安徽寿县),凡1 500余公里。楚国郢都之"郢",原意即"程";从"毕郢"(西周毕原岐下和咸阳东)到湖北江陵,再到安徽寿县、江苏彭城(徐州市)乃至海上(上海市),有近约2 500公里的文化地理空间。秦、楚是春秋战国两个最大的国家。楚国之大,有东西南北四楚,项羽号称西楚霸王;秦国之威,消灭六国,期待万世,二世即亡国。秦楚大道,作为春秋战国时期,两个最有能力统一天下的国家之间的交通要道,能不再三地回忆乎?秦山安在,楚书燕说,聊以慰魂。备忘录与数据库已如上列,让我们铭记秦岭深处这条伟大的道路吧。

秦岭山间路

2 文明与部族之路

　　蓝田猿人遗址属全国重点文物保护单位，包括蓝田县公王岭和陈家窝两个地点，1964—1966 年发掘。据古地磁测定，两个地点的地史年代至少分别距今 75 万~115 万年和 50 万~65 万年。公王岭遗址中，出土一件 30 岁左右的女性头骨化石，其脑容量为 780 毫升，较北京人更为原始，被命名为"蓝田人"。遗址中还发现了用火遗址。所出石器的石质以石英岩和脉石英为主。种类有大尖状器，多边或单边砍斫器，刮削器，石球，等；加工技术粗糙，器形多不规整；伴出的动物化石有 30 多种。蓝田猿人是继北京猿人之后，我国发现的最重要的人类化石。蓝田猿人遗址的发现，对秦岭古道的研究意义甚大。蓝田猿人的发现说明秦岭古道首先即是人类诞生之路！蓝田猿人循河迁徙的足迹，即秦岭古道循河交通的普遍方式。秦岭古道，从而获得了超越王朝历史的文化人类学价值，秦岭古道即人类文明之路。

　　蓝田猿人遗址，在考古学上属于旧石器时代。旧石器固然简陋、粗糙，然而制造并利用工具却是"人猿揖别"的标志，也即人类从动物界走出的重大事件。《说文解字》对山的命名是"有石而高者"。从"新旧石器"的考古学命名，我们可以看到人类与山的不解渊源。旧石器人类（猿人）以"采集"狩猎为主，没有固定家居——唯一固定的家居也许就是山岩洞穴：北京猿人也叫"山顶洞人"，蓝田锡水洞也是证明。没有固定家居，就没有固定路线，因之"道路"在旧石器尚未出现。"道路"的出现应该在新石器时代，并且首先是在包括秦岭在内的山林中走出的。从山林为主的旧石器到台塬为主的新石器，是人类留下的第一条道路；不屑说，循河而路，伴水蜿蜒，充满山骨林风。以半坡遗址、姜寨遗址为代表的新石器文明世界，最为直观地表明生存的两大地理环境特征：①遗址在离水河不远不近、不高不低的二阶台塬；②沿谷而迁，临河而居。这是最早的秦岭古道，也是最早的人类道路。秦岭古道的研究于此获得重要启示与

意义：它不仅是古代交通与历史地理的对象，而且是具有文化人类境域的根本课题与召唤！秦岭古道更多的应该是人类劳动与智慧的结晶，而不仅是刀光剑影、你死我活的厮杀战场。发掘秦岭古道的文化人类学意义与人文价值，将是未来的研究重心与转折性事务。

蓝田猿人遗址的发掘，使蓝武古道的出现不再突兀孤立，倒显得格外深沉悠远。商朝末年，周氏族勃兴于渭水中游，在"岐山之阳"的周原建立了周方国。经过周文王的苦心经营，逐渐征服了附近较小的部族，统一了渭水流域，并迁都于丰（今长安县西）。到周武王时，利用周文王多年积聚的实力，出动战车和勇猛的虎贲之士前去灭殷。由于殷纣王荒淫无道，激起众多部族的义愤。因此，周武王伐纣时，有8个部族自动派兵加入伐纣大军。这8个部族中，就有居于今商洛地区和湖北省西北部的濮、彭、庸、卢等4个族国，此即《竹书纪年》所记载的庸、卢、彭、濮等族国"从周师伐殷"之事。卢族居于今湖北襄樊市一带，参加伐殷走何路线，不能确知，但濮、彭、庸是要沿丹江通道至关中的。西周建国后，分封

蓝田猿人栖息地公王岭

在今河南省南阳地区的申、吕、鄂、谢、曾、蓼及豫西南、鄂西北一带的卢、邓、彭、庸、濮等国，大都要经过丹江通道去朝贡周天子，故丹江通道早在商末周初就成为居住在丹江、汉水沿流的土著人与周人相互通往的道路。

蓝夷被列于东夷族九夷之外，看来是东夷族的别种。蓝夷的所在地，约在今山东淄川县城东南隅。蓝夷最早见于古籍记载的是《竹书纪年》，其载：商王

"仲丁即位,征于蓝夷"。仲丁为商朝第十王,属于商朝初期。蓝夷被商朝所逼,往西退到陕西蓝田,《竹书纪年》载:"梁惠王三年,秦子向命为蓝田君。"而《水经注·渭水》则引为"蓝君",是因蓝人迁此而得名。所谓蓝田者,因蓝人种蓝靛于此,故称蓝田。秦于此置蓝田县,县东南15公里有蓝田山,即《汉书·地理志》的"蓝田山出美玉"。蓝田县东南约27公里蓝桥、蓝桥镇附近有蓝田关。蓝桥在蓝桥水上,蓝桥水又叫蓝溪水,发源于蓝谷,西北注入灞水。蓝谷又叫蓝田谷,即《水经注·渭水》中的"灞水出蓝田县蓝田谷"。春秋时期,秦岭北麓蓝田一带为秦所有,蓝夷成为秦国属民。

大约于春秋中期,蓝夷大批从蓝武道南迁湖南,所以湖南各地以蓝命名的地名较多。如岳阳县东有蓝田乡,今仍有蓝家冲、蓝天寿等地名。除了散居在华夏各地外,大多数的蓝夷因长期生活在楚国,融入楚人,成为汉族的成员。蓝氏族人较著名者,有唐末逸士蓝采和,他与云横秦岭、安慰韩愈的韩湘子,同列八仙。蓝武道就是蓝夷人南迁楚国的主要通道。

另据《楚文化觅踪》中何光岳的《楚国疆域的开拓和演变》一文考证,认为楚国首领鬻熊的一支氏族,在商朝末年,为商人所逼,曾来到关中,投奔周文王。鬻熊曾为周文王师(顾问),并被始封为子爵。由于这支楚氏族一非周文王的姬姓宗室,二非周宗室的姻亲,所以在关中不能久留,就逐渐沿灞水而上,越过秦岭,又沿丹江通道而下,居于丹江。中国古代有一个传统习惯,每逢部族迁徙时,就把原居地的地名带到新居地,或以氏族名来命名新居地的城邑、山、水。所以,由山、水来说,西安市东南有荆溪,商州市有大荆川、西荆川。所有这些,当与江汉地区的荆区、荆门、荆州等有着内在联系,又商州市周围的凤凰山、文公山、西芦山等秦岭支脉,古代统称"楚山"。在方圆百里的商州盆地,周围竟有七八个楚山、楚水和荆水,它们和楚族的迁徙、过往,与楚国的经营当甚有关系。所以,楚人对蓝武道丹江通道的开辟盖有大的功绩。

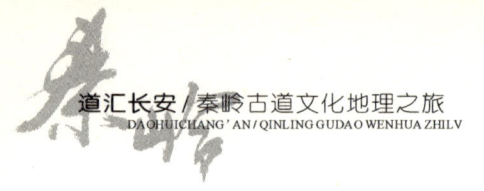
3 驿程与驿站

　　灞桥驿是秦楚大道的起点。从灞桥驿往东，是汉唐长安文明的第一大道——今日西安到洛阳的两京道。从灞桥驿往东南，就是秦楚大道，是唐德宗诏书明令的全国第二大道。灞桥位于西安城东 12 公里处，横跨在灞河上，是一座颇为著名的古桥。灞桥驿，历史闻名，有灞柳伤别的美称和传奇。灞河原名滋水，因秦穆公以显霸业，改名灞河。从灞桥驿，经过横桥渡、韩公坂、蓝田驿总共约 50 公里到青泥驿（今蓝田县城）。严耕望先生考证：《长安志》卷一六"蓝田县"条亦云：县城本名峣柳城，以前对峣山，其中多柳，因取为名。《水经注》曰："泥水历峣柳城南，魏置青泥军于城内，俗谓之青泥城。"《晋中兴书》曰："桓温伐苻健，遣京兆太守薛珍击青泥城，破之。即其处也。城周八里，今县城上东南一隅而已，周三里余八十步，崇一丈六尺，凡三门。"则蓝田县治即青泥城殆无疑。而《纪要》卷五三"蓝田县峣柳城"条，"今县治也"，又云"青泥城在县南七里……唐时置青泥驿"，则城驿皆在县郭南七里。

　　从青泥驿沿东南方向，经过韩公驿、七盘岭到蓝桥驿（今蓝桥西北近处），大约 50 公里路程。蓝桥驿与韩公驿之间，秦岭高耸，是韩愈感叹"云横秦岭家何在"的地方。两驿间山岭高峻，唐代诗人或亦以七盘岭称之，故今有七盘之名。唐代多七盘岭之名，蓝田七盘岭多有名诗。吴融有《南迁途中作七首·登七盘岭二首》，此选择其一："才非贾傅亦迁官，五月驱羸上七盘。从此自知身计定，不能回首望长安。"七盘岭往南，蓝武道的著名驿站便是蓝桥驿。蓝桥驿同样屡见于唐人诗篇。如白居易有《蓝桥驿见元九诗》："蓝桥春雪君归日，秦岭秋风我去时。每到驿亭先下马，循墙绕柱觅君诗。"又有裴航《赠樊夫人诗》，本注叙事云："航，经蓝桥驿，渴甚。"蓝桥驿在蓝田县东南 20 公里，见前引《长安志》。《一统志》西安府卷《津梁目》，蓝桥在蓝田县东南 25 公里。从蓝桥驿越过秦岭主脊，就由西安蓝田到达了商州地界。由西安蓝田到达商州地界的蓝田

文化地理书系

关,也叫牧虎(护)关,即古之峣关。由牧虎关约100公里到达丹凤县武关,山路凡200余公里。中间有仙娥驿、棣华驿(武关以北)和武关驿等著名驿站。

仙娥驿在商洛境内。仙娥驿屡被唐人吟咏。白居易《仙娥峰下作》:"我为东南行,始登商山道。商山无数峰,最爱仙娥好。……渴望寒玉泉,香闻紫芝草。"韩琮《题商山店》:"商山驿路几经过,未到仙娥见谢娥。"皆指其处。仙娥驿经过四皓驿、洛源驿、棣华驿,到达武关驿。四皓驿中的"四皓",即指秦末汉初(前206年左右)的东园公唐秉、角(lù)里先生周术、绮里季吴实和夏黄公崔广四位著名学者。他们不愿意当官,长期隐藏在商山,出山时都80有余,须发皆白,故被称为"商山四皓"。商山四皓对商州地理文化的影响至为深刻,洛南县有四皓乡,丹凤县有四皓墓。唐代的四皓驿既不在洛南县四皓乡,也不在丹凤县四皓墓,而在商州市东龙山双塔附近——由四皓隐居的商山而来。棣华驿在丹凤县城。武关位于丹凤县东武关河的北岸,与函谷关、萧关、大散关并称为"秦之四塞"。武关历史悠久,远在春秋时楚国即已建置,名曰"少习关",战国时秦国改为"武关"。其关城建在峡谷间一座较为平坦的高地上,北依高峻的少习山,南濒险要之地。关城周长1.5公里,城墙用土筑成,略成方形,东西各开一门,以砖石包砌卷洞。武关是秦楚两国交通往来的道路标志,也是秦楚两国攻守争霸的军事象征。武关距秦国都城咸阳350多公里,经过青六驿、分水岭到达商南县阳城驿,可通丅里之外的楚国郢都。阳城驿也叫富水驿,即今商南县富水镇;濒临豫陕分界,目接千里楚天,柳永所谓"暮霭沉沉楚天阔"(《雨霖铃》)。秦楚大道,通过秦岭巴山,越过灞河丹水,经过上述几十个驿程与驿站,连通着同想统一华夏的秦楚两个大国,聚焦了异常不同的心情、人生和国家命运。

湖光山色仙娥湖

4 秦楚争霸道

从前 770 年到前 476 年,历史上称为春秋时代。在这 290 多年间,社会风云变幻,烽烟四起,战火连天。仅据鲁史《春秋》记载的军事行动就有 480 余次。司马迁说春秋之中,"弑君三十六,亡国五十二,诸侯奔走不得保其社稷者,不可胜数"。相传春秋初期诸侯列国 140 多个,经过连年兼并,到后来只剩下较大的几个。这些大国之间还互相攻伐,争夺霸权。历史上把先后称王的宋襄公等五个诸侯叫做"春秋五霸"。在历史上,对"春秋五霸"有两种不同的说法。其中一说是:齐桓公、宋襄公、晋文公、秦穆公和楚庄王。宋襄公的春秋称霸,一如苏秦的战国相印,更多是外交性和礼节性的。齐桓公远在山东半岛。前 453 年三家分晋之后,战国的争霸较量,实质上在秦楚两国展开。秦楚两国的边境地区即秦岭蓝武道。

秦国的国家基础是秦穆公奠定的,秦穆公的霸业主要是东西方向。东边,"秦妻子圉以宗女。是时秦地东至河"。西边,"十八年,齐桓公卒。二十年,秦灭梁、芮。三十七年,秦用余谋伐戎王,益国十二,开地千里,遂霸西戎"。《水经注》载,"灞水古名滋水,秦穆公更名以显霸功。水上有桥,谓之灞桥"。此"霸功"主要是灞河下游东西方向的领土扩张,不是东南方向与楚国的正面较量。《史记》记载:"三年,楚庄王强,北兵至雒,问周鼎。……十年,楚庄王服郑,北败晋兵于河上。当是之时,楚霸,为会盟合诸侯。"秦楚两国秦岭蓝武道上的边境线,很可能以秦岭主脊为界。秦岭北麓蓝田,属于秦国;秦岭南坡商州,属于楚国。历史上以蓝田武关为标志的秦楚大道,当时秦楚两国各占半壁。秦国翻越秦岭进入蓝田武关道,应该在秦哀公时代。"哀公八年,楚公子弃疾弑灵王而自立,是为平王。十一年,楚平王来求秦女为太子建妻。至国,女好而自娶之。十五年,楚平王欲诛建,建亡;伍子胥奔吴。晋公室卑而六卿强,欲内相攻,是以久秦晋不相攻。三十一年,吴王阖闾与伍子胥伐楚,楚王亡奔随,吴遂入郢。楚大夫申包胥来告急,七日不食,日夜哭泣。于是秦乃发

五百乘救楚,败吴师。吴师归,楚昭王乃得复入郢。"秦哀公时代,楚国出现内乱外困。秦哀公三十一年(前506年),"秦乃发五百乘救楚,败吴师"。秦国军队第一次踏上秦楚大道。

秦国的强国基础是秦孝公奠定的。前359年,秦国商鞅变法,国势日强。前340年,赐商鞅以商於(今商州市东南,丹凤县一带)之地十五邑作为食邑,商鞅(原为公孙鞅)因之称"商君"。商鞅受封的"商於之地"为武关道所横穿。历史学家们对"商於之地"的理解尚有分歧,本册取侯甫坚"商於一地"说。商鞅封于商邑表明:秦国的领土已经越过秦岭主脊,从关中扩展到了陕南商洛,蓝武道从楚国变为秦国。

前313年,秦国为了拆散齐、楚联盟,佯将张仪免相,去游说楚怀王,说愿献出商於之地600里,要求楚与齐断绝联盟关系。"商於之地六百里",即商州、淅川、内乡间武关道所经过的一片土地。结果,楚怀王受骗,盛怒之下,于前312年发兵攻秦,与秦国魏章率领的军队在丹阳(今河南淅川境内丹水之北)展开激战。楚军大败,被斩甲士达8万之多,大将屈匄、俾将逢侯丑等70余人被俘。楚怀王为了报兵败之耻,倾全国兵力"复袭秦"。楚军沿武关道行至蓝田,遭秦军迎头痛击而败归。

前302年,楚国派到秦国做质子的太子横杀死秦国的一个大夫,逃回楚国。从此秦、楚又结下冤仇。前299年,秦昭王致书楚怀王,表示愿意修好,特约楚怀干至武关结盟。至武关,秦的伏兵立即将楚怀王劫持

秦岭秋景

至咸阳，最后困死于秦。这又是武关道上发生的一次特大事件。

前295年，秦用魏冉为相，又主动与楚修好，利用武关道援助楚国粮食5万石。前279年，秦与赵结盟以后，就大举向楚进攻，秦兵分两路出击：一路由蜀守张若率军顺长江而下，攻巫、黔中；一路由白起率领，沿武关道攻鄢（今湖北宜城南）。白起用惨无人道的手段，壅西山长谷水为渠攻鄢，城中军民均淹没水中，"死于城东北者数十万，城东皆臭"。鄢城一战，楚军损失10万之多。次年（前278年），白起又乘胜攻楚，陷楚都郢。

楚国是春秋以来南方的第一个大国。春秋时期楚国即不断吞并邻近的小国，进而与北方的晋国争霸，又常问鼎周室，俨然有侵凌中原的趋势。但到了战国，其作风却慢慢有所改变。春秋时期的楚国是进取的，战国时期的楚国则表现出保守的态度。为什么战国时期的楚国是采取保守的态度？这可能有两方面的原因，其一楚国不再北进，大约是受到自然环境的限制。春秋时期楚国所灭掉的国家，最初多在汉水流域，稍后则多在淮水流域，汉水和淮水流域的自然环境大致还和长江流域差不多，这对于楚国的发展并没有不良的影响。再往北去，黄河流域的景物却大不相同，这或者可以给楚人一个反常的刺激。久居于卑湿泽地，使用舟楫的楚人骤然徙之于平原广野而使之改乘车马，多少是有点不大习惯的。另外一个原因，当然可以说是秦国的威胁，即以秦国之强，要计划伐楚，也要假道于韩、魏两国，好景毕竟不长，秦国不唯打通随阳右壤的路线，且可利用江汉的水道。苏代说燕昭王时，曾论及秦楚间的情形，其言曰："秦之行暴于天下，正告楚曰：'蜀地之甲，轻舟浮于汶，乘舟出于巴，乘夏水而下汉，四日而至五渚；寡人积甲宛东下随（今湖北随州市），智者不及

山涧溪流

谋,勇者不及怒,寡人如射隼矣。王乃待天下之攻函谷,不亦远乎?'楚王为是之故,十七年事秦。"其后白起攻楚,证明苏代的话并非臆说。白起攻楚,先拔鄢(今湖北宜城县南)、邓县(今湖北襄樊市)五城,后攻郢,又烧夷陵(今湖北宜昌市东南),遂东至市五城。按其进军的路线,当是出武关沿汉水而下,由西而东,并未借道于韩、魏而入塞。秦既拔郢,以其地为南郡,于是楚王遂不得不徙都于陈(今河南淮阳)(史念海《河山集(四)》)。

从史念海先生以上叙述,可见秦岭蓝武道就是秦国打败楚国、统一中国的关键与奥秘所在。

秦岭蓝武道名称中的"武关",作为古代战争的象征不必说了。蓝武道依托丹江和灞河。丹江是浪漫血色,是审美的紫荆花。灞河本名滋水,春秋战国硬是让它变成灞河。灞桥、灞河、灞柳,西楚霸王与西秦霸业……蓝武道霸气之浓,甚矣!在这战国争霸的激烈古道战场,楚国是失败者:先是败给秦,后是败给了汉,且都是先强后弱,先胜后败,何哉?史念海先生在《河山集》中将其归于楚国的"保守态度"。《史记·楚世家》的结论是:"操作之不得……弃疾以乱立,嫚淫秦女。"李泽厚归纳为理性精神和浪漫主义的"二律背反"(《美的历程》)。那么,《史记》中的"嫚淫秦女",可能仅仅是审美文化的极致样态。从紫荆花的春日盛放到楚国古墓的漆画美女;从屈原浪漫主义的理想,到四面楚歌中的项羽别姬,审美消费主义已笼罩苍茫楚国。尤其是霸王项羽,好端端的江山,硬是让给了老乡刘邦,自己以"霸王别姬"谢幕。审美浪漫的项羽丢了江山,审美浪漫的楚国丢了领土,一如审美浪漫的希腊失败于罗马帝国一样。

秦岭蓝武道,作为秦楚两国的争霸道及其见证者,是以楚国失败秦统一天下而告终。秦楚争霸的实质是统一中国,因之,秦岭蓝武道作为秦楚两国争霸道,就是中国统一之道。

5 秦皇巡幸道

李白《古风》云："秦皇按宝剑,赫怒震威神。逐日巡海右,驱石驾沧津。征卒空九宇,作桥伤万人。但求蓬岛药,岂思农扈春。力尽功不赡,千载为悲辛。"这首《古风》既有李白一贯的称呼"秦皇",也有以秦始皇取道蓝武道东巡为主题的内容。可能受到李白《古风》的影响,毛泽东《水调歌头》对秦始皇的称呼,也是"秦皇",并有"秦皇岛外打鱼船"的北戴河诗唱。秦岭古道的历史上,唐玄宗走过秦蜀古道,唐德宗走过傥骆道。尽管美其名曰"宠幸",实际上更多是逃难保命。秦岭古道,恐怕只有秦始皇二次从蓝武道走过,称得上是真正的皇帝驾到,威风八面,天下瞩目,秦山荣幸。

《史记》记载,秦始皇最后出游为其三十七年(前210年)时事,"十月,癸丑,始皇出游。……十一月,行至云梦,望祀虞舜于九疑山。浮江下,观籍柯,渡海渚,过丹阳,至钱唐,临浙江。水波恶,乃西百二十里从狭中渡,上会稽,祭大禹。……还过吴,从江乘渡,并海上,北到琅邪。……自琅邪北至荣成山,……至之罘,……遂并海西。至平原津而病。……七月,丙寅,始皇崩于沙丘平台"。此次出游,其规模虽较历次为巨,然其所行率遵旧途。自咸阳至云梦,浮江东下,又自琅邪过之罘西行,皆二十八年(前219年)东巡之故道,唯登会稽暨至沙丘则少不同。丹阳在今安徽宣城县,江乘在江苏句容县,皆临大江。江乘渡江,北即广陵,广陵为邗沟所由始,可循之北越淮水,以达彭城。古时海滨尚未淤积,广陵、彭城之东距海较今为近,史文所言并海北行者,亦犹二十八年东行之时并渤海以至成山、之罘也。平原濒河水,沙丘属巨鹿,其间平坦,当有驰道。其后韩信自赵伐齐,亦由此途。史言始皇崩后其群臣奉其寝宫,入井陉,抵九原,从直道以至咸阳。直道之筑为功至巨,始皇竟未亲执辔驱驰,仅灵榇一过其处,何不幸也!(史念海《河山集》)

秦始皇灭掉六国后,为了巩固自己的统治地位,一方面强化郡县乡

机构,实施连坐法,在县和乡里设伍、什编制,五家为一伍,十家为一什,伍有伍长,什有什长,什伍要连保,如果一家藏"奸",什伍同罪连坐,以此来防止和镇压农民的反抗斗争。另一方面,秦始皇经常组织大臣出巡,视察各地的防务,及时打击企图复辟的奴隶主贵族的残余势力,据史料记载:秦始皇从前220年到前210年,前后11年中,为了巩固地主阶级的中央集权国家政权,带领群臣五次大规模出巡,视察各地防务,加强了多民族统一封建集权国家的统治。为了方便他的全国出巡,秦始皇还下令修建了以首都为中心的驰道。

　　秦驰道的规模,《汉书·贾山传》中留下一段叙述,可窥一斑。"秦为驰道于天下,东穷燕齐,南极吴楚,……道广五十步,三丈而树,厚筑其外,隐以金椎,树以青松。"这就是说,秦始皇下令修建的驰道是按照一定规格修筑的,路基筑得高且牢固,宽度为五十步,道旁每隔三丈种青松一株。秦代驰道的主干线有两条:一条是从秦都咸阳向正东方向,经函谷关,直达过去的齐、燕各国,即今天黄河两岸中原地区。另一条从秦都咸阳向东南方向,经蓝田武关,直达过去的吴、楚各国,即江汉平原区域。这后一条路线即蓝田武关道,可见蓝田武关道,在秦始皇时期就是连接关中地区与江汉地区的重要通道。唐德宗诏令,长安洛阳两京路和

蜿蜒秦岭路

蓝田武关路分别为全国第一大驿道和第二大道。唐诏令的历史源头,看来是在秦始皇统一中国时期。

据文献记载,秦始皇每次出巡时,都有隆重仪仗,炫耀至极,项羽、刘邦皆艳羡不已,均起取而代之之心。

现在秦俑"铜车马",多少能弥补我们不能亲见始皇帝的遗憾。"铜车马"铜制,高104.2厘米,全长328.4厘米,马高92厘米,总重约1200公斤,出土于陕西临潼秦始皇陵西侧通往地宫的甬道中。这是1980年冬天在秦始皇陵西侧地下约7米处挖掘出土的两辆大型铜车马之一。这两件作品都为单辕,四马,单御者编制,尺寸约为实际车马大小的1/2。一号车为伞盖,驭手呈站立姿势,其伞盖为圆形,车厢为方形,取天圆地方之意;二号车为篷盖,驭手做跪姿。这里介绍的是已经修复的二号车。

二号铜车马中,车马结构完整,挽具齐全,装饰物和一些小型构件由金银制成,显得异常富丽堂皇。铜车结构十分精密,镂雕成菱形花纹格的车窗启闭自如,金属鞍辔上雕有精美的花纹装饰,辔绳灵活。整辆车通体彩绘,工艺精湛,气势恢宏。车上的驭手神情专注,显得老成持重。他戴冠佩剑,衣纹稠叠,十分富有质感。面部被敷以白色,但唇与双颊是粉红的,白色的领子上还绘有朱红色的菱形花纹。四匹铜马都被处理成白色,装饰有大量金银构件,造型基本相同,又在统一中进行了变化。"铜车马"仅是秦始皇的陪车,已被誉为"巧夺天工""青铜器之最",那么,秦始皇的御车应该是天马神驾吧。这样的天马神驾,应该是秦朝的"国家一号"。不幸的是,或者说非常偶然,这样的天马神驾和"国家一号"却赶不到咸阳京都,秦始皇就驾崩了!"驾崩",现在一般即指皇帝死亡。它的原意,指的是秦始皇帝死在路上。秦岭蓝武道曾经是楚怀王的不归路,也成了秦始皇的不归路。

秦始皇逝世后,李斯和赵高合谋完成了沙丘政变,民望甚高的公子扶苏和手握重兵的将军蒙恬相继被杀,秦二世回到咸阳即位,成了秦帝国的第二代皇帝。然而,不久李斯就遭到赵高诬陷,被投入狱中。李斯在被冤杀之前,上书秦二世,列数自己对于秦帝国的十大功绩,其中一条就是:"治驰道,兴游观,以见主上之得意。"驰道的修建,便利了帝王的出巡,使得最高权威能够显示于天下,被看做秦政成功的重要条件之一。据司马迁《史记·秦始皇本纪》中的记述,在秦实现统一之后的第二

年,秦始皇二十七年(前220年),"治驰道"。从李斯上疏的内容看,驰道工程是由丞相主持的国家工程。按照《说文解字》的说法,"驰,大驱也"。清代学者段玉裁解释说:"驰,亦驱也,较大而疾耳。""驰",就是快速行进。"驰道",就是高速道路。秦的驰道在西汉时期依然可以通行。西汉驰道制度有严格的规定,一般人不得穿行驰道,也禁止使用皇帝专有的驰道的中央通行带。据西汉政论家贾山的记述,秦的驰道有坚实的路肩,路基使用金属夯具修筑,路旁栽植行道树,路面宽度为50步。按秦的制度,1步为6尺。当时的1尺,相当于今天的23.1厘米。50步,就是69.3米。当时,东方到燕地、齐地,南方到吴地、楚地,都由如此宽阔的大道连通起来(王子今)。就像项羽一把火,把豪华的阿房宫烧得无踪影一样,历史的尘埃也将秦驰道完全封盖。宋朝梅尧臣《秦始皇驰道》诗云:"秦帝观沧海,劳人何得修。石桥虹霓断,驰道鹿麇游。车辙久已没,马迹亦无留。骊山宝衣尽,万古空冢丘。"

　　秦朝之后,古代帝制国家修筑的主要道路,当时被称做"官路"或"官道"。唐诗所见杨炯"帝畿平若水,官路直如弦"(《骢马》),岑参"野店临官路,重城压御堤"(《浐水东店送唐子归嵩阳》),白居易"回看官路三条线,却望都城一片尘"(《春日题乾元寺上方最高峰亭》),祖咏"作镇当官道,雄都俯大川"(《观华岳》),宋词所见司马光"叹飘零官路,荏苒年华"(《锦堂春》),周邦彦"日薄尘飞官路平",文天祥"彭城占官道,日中十马驰"(《徐州道中》)等,都记录了人们行走在这种道路上的感受。这些"官路"或"官道"比起百姓的土路间道,自然阔绰美观,但与秦始皇作为"御路""帝道"专用的驰道,恐怕没法比吧。秦始皇统一全国,自认为功超三皇,德兼五帝,他的御车,用6匹马来拉,随行有81辆陪车,秦俑铜车马,就是陪车之一。仪仗庞大,旌旗蔽日,浩浩荡荡两番从秦楚大道巡幸。蓝武道饱受战争的痛苦,也获得了秦岭其他古道所没有的荣耀,其满足秦始皇巡幸所必需的质量气派,至今令人想象。

铜车马

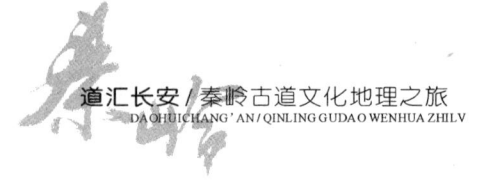

6 屈原《国殇》道

中国文化,秦汉以降,"罢黜百家,独尊儒术",日趋现实——理性者居多,心性浪漫伟情者少见。先秦至今两千余年,出现了两位浪漫诗歌大家:屈原与李白。李白为蜀人,给后世留下了震古烁今的《蜀道难》,使蜀道万里扬名。屈原是楚人,未作《楚道难》,却以同样伟大优秀的《离骚》《天问》,尤其是《九歌·国殇》表明:秦楚蓝武道,在很大程度上,是屈原的《国殇》道。

屈原,出身望族,"楚之同姓","据《渔父》知道他是三闾大夫,便是楚国的贵族屈,景,昭三氏之一"(郭沫若《屈原研究》)。屈原"为楚怀王左徒"与"三闾大夫"。"大夫"者,自古讲"刑不上大夫",为高干标志。"左徒"即"左司徒",有人解释为"左右拾遗之类";钱大昕曰:"黄歇由左徒为令伊,则左徒亦诚楚之贵臣矣",郭沫若《屈原研究》以为然。根据《史记·屈原传》屈原"博闻强志,明于治乱,娴于辞令""怀王使屈原造为宪令"看,屈原相当于"中央组织部长"或"中宣部长"(造为宪令)。由于与上官大夫的人事矛盾和政治斗争,楚怀王开始疏远、贬低屈原的政治地位,"王怒而疏屈平"。楚怀王十七年(前312年)春,"与秦战丹阳,秦大败我军,斩甲士八万……遂取汉中之郡。楚怀王大怒,乃悉国兵复袭秦,战于蓝田,大败楚军"。

蓝武道上两次著名的秦楚大战,均以楚国失败而告终。"他(屈原)被逐的地点是在汉北,其间有十四年。直到顷襄王二十一年,秦将白起侵伐楚国,把楚国的郢都破了,取了洞庭、五湖、江南,逼得楚国君臣仓皇奔走,东北保于陈城。屈原自己也从汉北逃到江南,作了《哀郢》《涉江》《怀沙》诸篇。"(《屈原研究》)此时的屈原,离乱之余,居于汉江北岸,战争之气,感同身受,战斗之烈,目睹亲闻,在此背景和经历下,他写下了著名的《国殇》:

操吴戈兮被犀甲,车错毂兮短兵接。

> 旌蔽日兮敌若云，矢交坠兮士争先。
>
> 凌余阵兮躐余行，左骖殪兮右刃伤。
>
> 霾两轮兮絷四马，援玉枹兮击鸣鼓。
>
> 天时坠兮威灵怒，严杀尽兮弃原野。
>
> 出不入兮往不反，平原忽兮路超远。
>
> 带长剑兮挟秦弓，首身离兮心不惩。
>
> 诚既勇兮又以武，终刚强兮不可凌。
>
> 身既死兮神以灵，魂魄毅兮为鬼雄。

　　这是蓝武道古战场的卓越诗篇，这是对秦楚战争的史诗描写。蓝武古道下面，掩埋了多少"吴戈"与"秦弓"。秦岭丹水中，掩埋了多少"忠魂"与"鬼雄"。"严杀尽兮弃原野""首身离兮心不惩"……愿忠勇的战士们安息！楚顷襄王二十一年(前278年)，"秦将白起遂拔我郢，烧先王墓夷陵"，郢为楚国首都，被秦占领，屈原作《哀郢》：

> 皇天之不纯命兮，何百姓之震愆！
>
> 民离散而相失兮，方仲春而东迁。
>
> 去故乡而就远兮，遵江夏以流亡。
>
> 出国门而轸怀兮，甲之朝吾以行。
>
> ……
>
> 将运舟而下浮兮，上洞庭而下江。
>
> 去终古之所居兮，今逍遥而来东。
>
> 羌灵魂之欲归兮，何须臾而忘反！
>
> 背夏浦而西思兮，哀故都之日远。
>
> ……
>
> 乱曰：
>
> 曼余目以流观兮，冀一反之何时！
>
> 鸟飞反故乡兮，狐死必首丘。
>
> 信非吾罪而弃逐兮，何日夜而忘之！

　　楚国的失败与屈原的命运紧密相连。屈原的事迹，主要见于司马迁《史记》的记载。屈原生活的时期，正是中国即将实现大一统的前夕，"横则秦帝，纵则楚王"。屈原因出身贵族，又明于治乱，娴于辞令，故而早年深受楚怀王的宠信，位为左徒，朝廷一切政策、文告，皆出于其手。楚怀

王二十五年(前304年),张仪由秦至楚,以重金收买靳尚、子南、郑袖等人充当内奸,同时以"献商於之地六百里"诱骗怀王,致使齐楚断交。楚怀王受骗后恼羞成怒,两度向秦出兵,均遭惨败,于是屈原奉命出使齐国重修齐楚旧好。

此间张仪又一次由秦至楚,进行瓦解"齐楚联盟"的活动,使齐楚联盟未能成功。怀王二十四年(前305年),秦楚"黄棘之盟",楚国彻底投入了秦的怀抱。屈原亦被逐出郢都,到了汉北。怀王三十年(前299年),屈原回到郢都。同年,秦约怀王武关相会,屈原力劝不可前往,但怀王的小儿子子兰等却力主怀王入秦,怀王亦不听屈原等人劝告,结果会盟之日即被秦扣留,三年后客死异国。在屈原多年流亡的同时,楚国的形势愈益危急。到秦昭王二十一年(286年),秦将白起攻破楚都郢(今湖北江陵),预示着楚国前途的危机。次年,秦军又进一步深入楚地。屈原眼看一度兴旺的祖国已经无望,也曾认真地考虑过出走他国,但最终还是不能离开故土,于悲愤交加之中,自沉于汨罗江。结合具体作品,我们看屈原楚辞与秦岭蓝武古道的地理文化关系。先看屈原的《抽思》(节选):

> 有鸟自南兮,来集汉北。
>
> 好姱佳丽兮,牉独处此异域。
>
> 惸茕独而不群兮,又无良媒在其侧。
>
> 道卓远而日忘兮,愿自申而不得。
>
> 望北山而流涕兮,临流水而太息。

屈原首次的流放地,从《抽思》看,是汉水北岸的"汉北"。"汉北"位居秦楚两国的边境地带。"望北山而流涕兮"中的北山,是"汉北"地望中的北山,无疑是秦岭山脉。秦岭山脉的北麓是秦国,从前尚是楚境。这便是屈原"望北山而流涕兮"的基本原因,也是"临流水而太息"的根本理由。再看著名的《离骚》:

> 帝高阳之苗裔兮,朕皇考曰伯庸。
>
> 摄提贞于孟陬兮,惟庚寅吾以降。
>
> 皇览揆余初度兮,肇锡余以嘉名:
>
> 名余曰正则兮,字余曰灵均。
>
> ……
>
> 济沅湘以南征兮,就重华而陈词。

……

朝发轫于苍梧兮，夕余至乎县圃。

欲少留此灵琐兮，日忽忽其将暮。

吾令羲和弭节兮，望崦嵫而勿迫。

路漫漫其修远兮，吾将上下而求索。

……

遭吾道夫昆仑兮，路修远以周流。

陟升皇之赫戏兮，忽临睨夫旧乡。

仆夫悲余马怀兮，蜷局顾而不行。

乱曰：已矣哉！

国无人莫我知兮，又何怀乎故都！

既莫足为美政兮，吾将从彭咸之所居。

　　屈原是中国最伟大的诗人（《屈原研究》），《离骚》是中国最伟大的诗歌。《史记》评价屈原的《离骚》是，"可与日月争光"。其实，屈原《离骚》是在华夏历史进入黑夜时分的性灵日月。屈原楚辞出现"灵魂"词汇既多，也不偶然，屈原的名字就叫灵均。屈原的楚辞是除《山海经》之外，论述灵魂最丰富的先秦文本。在屈原之前，孔子《论语》已不谈"怪力乱神"了！孔子着眼于历史视野，却登不上政治舞台；屈原在政治舞台，却言说非历史的"怪力乱神"。一方面，从历史视野出发，楚国郢都是屈原的故乡，他"济沅湘以南征兮，就重华而陈词"。另一方面，屈原信仰"怪力乱神"的《山海经》，他必然"遭吾道夫昆仑兮，路修远以周流"。以秦岭蓝武道为地标，前者要求屈原往南走，后者召唤他往北行。于是最明显的问题出现了，一会儿屈原"忽临睨夫旧乡"，一会儿"又何怀乎故都"。唐朝韩愈"云横秦岭家何在"中的"家何在"问题，在屈原即早已出现，并且更为严重！"家何在"问题，在屈原是灵魂和历史的两重性引起的，而在韩愈，则主要是历史偶然性引起的。这也就是韩愈能够穿越秦岭蓝武道，而屈原无法踏上秦岭蓝武道的原因。

　　60多年前，侯外庐先生在《屈原思想的秘密》曾经探讨屈原的矛盾。郭沫若先生在《屈原研究》认同"矛盾"说，但不认可侯先生将屈原与巴尔扎克、托尔斯泰相提并论。郭沫若先生认为，屈原的世界观是先进的，关键是灵魂的道路问题和飞翔高度。事实上，李约瑟在闻名世界

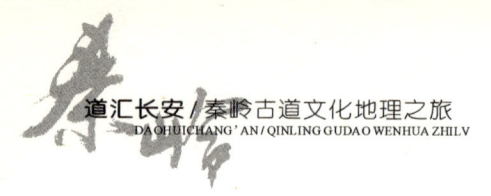
的《中国科学技术史》中已经指出了屈原创作的炼丹术背景。除了屈原楚辞整体性的精神意境外，从"科技史"层面支持他工作的至少有：①"郢爱"和"寿春爱"作为"炼丹所得的金"。②屈原佩香和道家香炉。③丹阳城和炼丹术的起源背景。李约瑟写道："屈原的诗篇一开始就为人世间的邪恶、诽谤的谗言和楚王的昏庸表示哀伤，但他把自己则想象为一个魔法师，乘着飞行的马车离开这个世界，飞向西方的天堂。"（《中国科学技术史》）

　　问题的关键和困难之处正在这里："飞向西方的天堂"，在屈原意味着必须跨越秦岭蓝武道。《离骚》写得分明："吾令羲和弭节兮，望崦嵫而勿迫……遭吾道夫昆仑兮，路修远以周流。""屈原思想的秘密"，其实正是一种"道路矛盾"；"路漫漫其修远兮，吾将上下而求索"，正是为了解决道路矛盾。按照历史轨迹，屈原必须远离蓝武道而向东南逃亡；按照灵魂声音，屈原必须返归蓝武道朝西北跋涉。"昆仑""崦嵫"的地理位置都在今天陕西省以西，屈原必须经过蓝武道，才可能到达那里。《离骚》的结尾，一连出现了"西极""西皇""西海"，那是屈原对灵魂故乡的最后回望啊！蓝武道又刚好是当时中国历史的政治外交舞台，是楚怀王的不归路，是灭亡楚国之道。勇气和良知使得屈原只能在诗歌中"飞向西方的天堂"，行动中的屈原继续沿着历史轨迹向东逃亡。屈原诗歌的魅力就在于历史和灵魂的双重高度。正因为这种双重高度，全部中国人中，只有屈原的忌日成了一个民族的节日——历史和灵魂的深夜里，那慰藉人、端正人的午阳。"路漫漫其修远兮，吾将上下而求索"，"上下"可不仅仅是地理空间或形容词，而至少包括历史和灵魂的双重维向与高度。屈原清楚自己，告别这个世界时，他想到了鸟和狐。

　　《哀郢》的"乱曰：曼余目以流观兮，冀一反之何时？鸟飞反故乡兮，狐死必首丘"。敢于怀沙汩罗江，应该是回到了灵魂的故乡。秦之武关乃楚之少习——鸟的故乡，也是楚的故土。果然如此，屈原的最后视野，应该有秦岭蓝武道吧，它是屈原的《国殇》路，也是屈原的《礼魂》路。

7 盛唐增修与行旅之盛

盛唐在秦岭褒斜道，有文川道的失败工程，在蓝武道更有多番增修工程。盛唐近300年历史中，蓝武道主要的增修工程有三次：①颜旭、卢判官等人的漕运工程。②崔湜的石门道工程。③李西华的偏道工程。唐朝颜旭、卢判官等人主持的蓝武道漕运工程，如同汉武帝时代的褒斜道漕运工程，由于古代技术条件所限，基本归于失败。唐中宗景龙（707—709年）时候，襄州刺史崔湜，主持了由商州西境开山道通蓝田石门，折北至蓝田西境的石门道工程。石门谷在蓝田西南20公里，其南置大昌关以为戍守之所。至于商州以东，则利用丹水与漕运，由襄阳溯汉水转丹水，盖直达商州郭下。《新唐书》卷九九《崔湜传》记载，当初崔湜提出建议，认为秦岭山南可引丹水通漕至商州。自商山出石门，抵北蓝田（《纪要》卷五三及五四引此事皆作"北抵"），可通挽道。唐中宗认为可行，任命崔湜主持工程，率领数万民工，开山通关，死了十几个人，方修成新路。然而，崔湜所开的石门新道，在夏天大雨和泥石流面前，"竟为夏潦冲突，崩压不通"。和唐朝郑涯主持的文川新道一样，工程归于失败。盛唐蓝武道石门新路，工程巨大，影响巨大，开始"追论崔湜开山路功，加银青光禄大夫"。后来呢，"路每经夏潦，摧压蹭陷，行旅艰辛，僵仆相继，后湜流於岭表，俄诛戮"。由于蓝武道石门工程失败，崔湜被判了死罪。最后是放弃新路，重修旧道（《唐代交通图考》）。

唐朝蓝武道第二次大的增修，是李西华主持的偏道工程。《唐会要》卷八六记述："贞元七年（791年）八月，商州刺史李西华请广商山道；又别开偏道以避水潦。从商州西至蓝田，东抵内乡，七百余里皆山阻，行人苦之。西华役工十余万，修桥道，起官舍。旧时每至夏秋，水盛阻山间。行旅不得济者，或数日粮绝，无所求。西华通山间道，谓之偏路，人不流滞，行者为便。"从这段记载中可以看出：商山路易被水毁，行人拥挤；李西华一面兴工加宽旧道，一面又别开"偏道"，以利行旅；在修治道路的同

时，又修建桥梁、馆舍。

蓝武道在盛唐的多番增修，直接体现了此道的重要与行旅之盛。《唐六典》载，京城长安的都亭驿站，配给驿马75匹，其他一等驿站60匹马。唐朝蓝武道属于一等驿站，应无疑问。据严耕望先生《蓝田武关驿道》，从长安灞桥驿到今天陕西河南两省交界的阳城（富水）驿，蓝武道共计有20多个驿站。如果以20个驿站计算，唐朝蓝武道共有1 200匹驿马。1 200匹驿马，蓝武道由于驿运繁忙，宰相张九龄《荆州谢上表》："属小道使多，驿马先少。"张九龄"抱怨"蓝武道上，驿马不够用。另一位官员文人颜真卿《与李太保帖》："真卿缘驿上无马，……今日始至蓝田。"何以至此？其一是制度改革。唐朝中叶放弃"传马"，而开始建立驿马制度。"传马"相当于官员公务的专用马匹。驿马隶属各个驿站，有公用性质。黄正建《唐代的"传"与"递"》指出："我们知道提供传送之马的先决条件是州县马坊必须拥有足够数量的马匹。这在唐代前期还能够做到，但随着马坊的败坏、马匹的短缺，到唐代后期，州县提供不出大量传送马驴，'传送'的制度就终于维持不下去了。因此，唐玄宗开元十八年(730年)有敕曰：'如闻比来给传使人，为无传马，还只乘驿，徒押传递，事颇劳烦。自今以后，应乘传者宜给纸券。'（《唐会要》卷六一《馆驿》）这条敕文非常重要。它说明由于传送马匹的欠缺，乘传之人都去利用驿马。"其二是行旅繁忙。如张九龄、白居易、元稹等皆数度经过。张九龄《奉使自蓝田玉山南行》："峣武经陈迹，衡湘指故园。"故已不止一次。其后又由丞相出官荆州长史，亦经此。见前引《荆州谢上表》。白居易做忠州刺史入京经过商山，此是第五次（白居易《长庆集》一八《商山路驿桐树》）。白居易后来出任杭州刺史亦取道于此。其《登商山最高顶》云："七年三往复，何得笑他人。"亦谓六次也。宰相诗人元稹亦数度经过（可能七度）。韩琮《题商山店》："商山驿路几经过，未到仙娥见谢娥。"（《才调集》八）其他曾经此道者，就《唐人选唐诗》所见，如李涉有《再宿武关》（《才调集》六），吴融有《富水驿东楹有人题诗》（《才调集》二），司空曙有《登秦岭》（《御览诗》）。若征之《全唐诗》，则不可胜数矣（严耕望）。白居易《登商山最高顶》写道：

> 高高此山顶，四望唯烟云。
>
> 下有一条路，通达楚与秦。

或名诱其心，或利牵其身。

乘者及负者，来去何云云。

我亦斯人徒，未能出嚣尘。

七年三往复，何得笑他人。

　　"下有一条路"即秦岭蓝武驿道。"通达楚与秦"既表明蓝武驿道的起始区域，也是秦楚大道正名的预取。"或名诱其心，或利牵其身"，讲清楚了"熙攘往来"的动力和价值目标，"商山名利路，夜里有人行"。行者里，有"乘者及负者"，"来去何云云"，多么繁盛忙碌啊！不用说，白居易和上述的官员诗人们，属于蓝武道上的"乘者"。唐代有关规定，官员一日三驿程，大约50公里。秦岭蓝武道按400公里计算，白居易一次"商山行"，需要8天时间，乘用8匹驿马；再加上妻小，白居易一次"商山行"，最少得乘用16匹驿马。按《登商山最高顶》"七年三往复"，白居易在蓝武道上乘用的驿马差不多是100匹。盛唐像白居易那样的官员——且不计皇亲国戚，至少有1 000多人吧。张九龄和颜真卿所说的蓝武道上的"驿无马"，显得可以理解了。何以白居易为例计算呢？首先是他"七年三往复"，与蓝武道的殊胜因缘。其次是白居易的《游悟真寺诗》："身著居士衣，手把南华篇。终来此山住，永谢区中缘。我今四十余，从此终身闲。若以七十期，犹得三十年。"在蓝武道北口的"悟真寺"，他

云雾迷蒙

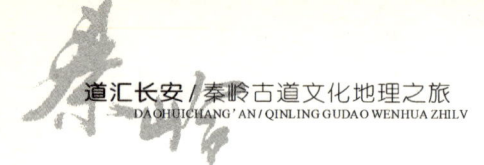

有此著名计算。我们这里的计算，既出于蓝武道的盛唐繁荣，也有助于理解白居易终其一生，也并未"来此山住"的"区中缘"吧。

阐释蓝武古道的文化地理，既然引证了其他盛唐诗文，而不引证韩愈的《左迁至蓝关示侄孙湘》，是说不过去的。如果允许夸张一点，白居易和元稹加在一起的三四十首商山诗，就情感深度言，都不抵韩愈一首《左迁至蓝关示侄孙湘》：

> 一封朝奏九重天，夕贬潮州路八千。
>
> 欲为圣明除弊事，肯将衰朽惜残年！
>
> 云横秦岭家何在？雪拥蓝关马不前。
>
> 知汝远来应有意，好收吾骨瘴江边！

"云横秦岭家何在，雪拥蓝关马不前"，这联的中心是"家何在"。家在哪里，本来是无须发问的，但是还提出这个问题，是说这次被贬，分明是有家也归不得了。回头望长安，看到的只是浮云隔断的终南山（即秦岭），所以发问：家在哪里？看一看往前走的道路，蓝田关积雪拥塞，连马也踟蹰不前。我们知道，韩愈这次被贬，是元和十四年（819 年）正月，时令已经是早春了，北国的寒意仍然很浓，蓝关还是积雪茫茫。这既是他当时的眼中景，又是他被赶出长安冷落、凄凉的心中情。第四联是对韩湘说的，"知汝远来应有意，好收吾骨瘴江边"，意思是说，知道你远路赶来，该不是无意来的吧，那么，就在瘴气弥漫的江边来收葬我的尸骨吧。"云横秦岭""雪拥蓝关"的蓝武古道上，既然韩愈已经想到"好收吾骨"，那么"家何在"就不会只是长安京城中的"家"，而有灵魂的归宿追问，即现时和永远的双重家园问题。为了双重性的"家"，同时回答了"乘者及负者，来去何云云"的白居易式感叹。中国古代国家力量，以汉唐两朝最盛。汉武帝修褒斜道漕运，以失败告终。主持工程者是汉中太守张卬，是汉武帝亲信大臣张汤的儿子，未闻治罪。唐修文川道失败，蓝武道增修工程，有成功有失败。其中崔湜主持的石门道工程，属新修工程，和文川道一样沦于失败，郑涯被解职，崔湜被诛死。可不慎乎！蓝武道增修，行旅之盛，驿道忙碌，诗文璀璨，能不忆乎！

8 蓝武道的现代图景

　　埃及有句谚语："万物怕时间。"作为中国历史世界的一部分,秦岭古道的实相尊容也早逝矣。像蛛网满王榭、皇宫变尘埃一样,秦岭古道也基本上存在于文本世界与考古世界, 以及一些现代心灵面对历史遗存的文明寻根和沧桑感喟。那么,秦岭古道能以何种蕴涵呈现于现代世界?

　　或曰:秦岭古道的现代图景是什么? 秦岭古道,仅仅是历史学者思幽怀古之文献对象么? 仅仅属于专业性的历史地理或考古队员的田野目标么? 笔者对此的回答是否定的。首先是国际互联网上,千百万有关秦岭古道内容条目的巨大数量,实在鼓舞人心。秦岭古道是专业学者和广大民众互动、交流、沟通甚至竞技的天然平台。有名扬华夏、皓首穷经的史学专家,也有热情奔放、钟情自然的青年才俊;有漂泊海外、情忆故园的严谨先贤,也有憧憬知识、守护山林的普通劳工。庙堂高论,田野发现,作家灵感,学者眼光,于巍峨秦岭交流,于幽深古道相汇。民主、平等、自由的现代人文精神,完全有可能通过秦岭古道,走向国家大道。因之,我们对秦岭古道的现实前景,持一种现代人文心灵的乐观态度。我们的乐观基于三个理由:

　　其一,与历史世界的其他对象,比如万间宫阙、王朝权力不同,秦岭古道所依附的巍峨实体——秦岭,不仅属于历史,也属于自然。王朝易去,秦岭依在;往事虽逝,南山依旧。亘古庞大的秦岭,让先民们修筑的古道有了归属感与实存可能。变幻的历史风云没有带走秦岭的自然实体,秦岭反倒收藏了风云变幻的历史。秦岭古道将是历史界与考古界的金脉富矿区,将是沟通历史文献与现代图景的天然汇聚点。

　　其二,作为历史世界的一部分,阅读整理历史文献和典册,的确是认识秦岭古道的基础性工作。对此,台湾学者严耕望先生的《唐代交通图考》第三卷《秦岭仇池区》,是秦岭古道研究划时代的丰碑! 史念海先

生的《河山集》和李之勤先生的《蜀道话古》著述,也在秦岭古道的历史文献研究方面取得了突出成就。秦岭古道的唐代历程,风云变幻及其深沉蕴涵,经过《唐代交通图考》的探幽发赜,获得了全面深入的丰富展现,给现代一般读者提供了方便的文本阅读境域。加之国际互联网的发达,秦岭古道的文献内容,条目可谓琳琅满目,非常之多。在此秦岭古道已经获得一种现代语境和生动景象。

其三,随着省、市各地方志和专业志书的编撰,秦岭古道的历史地理文献已经获得相当程度的收集整理,正呈现出一种繁荣的格局。与此同时,生于斯长于斯的古道儿女们,以"知之者不如好之者,好之者不如乐之者"的志趣精神,或贡献文字或实地勘察,亦所获颇丰。以实地勘察而言,汉中陈显远重新发现了唐代"得意阁",西安王安泉发现了关城遗迹,李之勤先生发现了两个石门,王开先生发现了褒斜道的数处栈道遗迹,作家叶广岑发现了古道兵器与战场遗址,王子今教授于上世纪80年代在蓝武道发现了古道的特殊形制。秦岭古道正处于被广泛认知、深入发现之途中。

现代世界中,卫星摄像、遥感成像,人们耳熟能详。在此必须提及2007年汉中市和澳大利亚有关机构,围绕现代3S技术与其他地貌修复手段,展开的秦岭古道研究工作。如果说秦岭古道的现代研究工作,是在历史文献基础上加进田野考古和现代成像技术,那么,2007年汉中市的"3S技术会议"便是标志性的开端和象征。

"3S"是全球定位系统(GPS)、遥感(RS)和地理信息系统(GIS)的总称。GPS尽管出现最晚,但它目前在这三者中

蓝武道鸟瞰

却是最出名的。现在许多汽车、笔记本电脑和手机都使用了 GPS 技术。一个人可以打电话给他的朋友,用 GPS 确定自己的所在位置,将位置信息连同一张周围环境的数码照片发送给该朋友,而朋友的车载 GPS 就可以计算出最佳的路径,并将驾车人导航到对方打电活的地方。随着 GPS、手机电话(特别是短信)和互联网、谷歌地图和其他软件的普及,再加上它们易于和其他现代移动技术接轨的特性,遥感与 GIS 普及程度也越来越高,并得到广泛应用。

一个重要的问题是:历史和文学究竟能否被纳入现代测地学的框架?很清楚,道路和事件存在于真实的、可制图的框架。问题是它们没有被记录和联系起来,也可能历史 GIS 生成的东西应该更接近传统的海员所用的海图,而非现代的地形图。不过 Mostern 和 Meeks 在其文章中巧妙并成功将历史文献和地理结合起来,给出了这方面工作的重要指南。不管做出了什么,由于有了多种可选方案,目前的形势向历史学家、考古学家和 3S 工作者展现了鼓舞人心的前景。

汉中市与澳大利亚的《栈道历史研究与 3S 技术应用》的工作,虽显初级,却意义重大,诚为希望之光。其一,秦岭古道属于历史地理学范畴,"3S"诸现代技术,将极大地突出地理蕴涵和景观,根本扭转"历史淹没地理"的传统格局。其二,"3S"诸现代技术,有助于把秦岭古道的研究,从历史文献层面提升到现实人文境界。唐晓峰呼唤的"走出王朝地理",在秦岭古道和"3S"技术的合作中,获得一个现代途径。其三,《易经系辞》:"圣人立像以尽意,设卦以尽情伪。""3S"诸现代成像技术,让人们开始思考"图"和"书"的原初关系和本真职能。古典图书相连,图先书后;图是景观,书是阐释。图制约书的言说,尤其是秦岭古道的地理言说。

现在,在历史文献的研究基础上,利用"3S"现代呈像技术,最大限度地提供关于古道的丰富图片,给人们以直观可视的古道知识景观。其次,利用现代交通(公路、铁道)与秦岭古道的重叠事实,标画出现代道路与秦岭古道的实体模型,使人们在秦岭旅行时,有虚实相应、以实会虚的审美收获。最后,也是最重要与最根本的,是将已经发现的秦岭古道实物(文物)——如栈道石柱、岩孔、路基、兵器、驿站古址……给以最大限度地保护,配以现代讲解文字及设施,以保护增强秦岭古道的实在

感与真实感。以秦岭蓝武古道北端蓝桥驿为例：①秦始皇作为千古一帝，两番巡幸，路过蓝桥，这是中国文明的历史经典。②唐代诗人韩愈的"云横秦岭家何在"，已属古典文学的不朽篇章。再与好莱坞《魂断蓝桥》和《廊桥遗梦》比较，更具现代性与世界视野。③蓝桥驿不远处发现有几十米长的栈道遗迹，选择修复几处，实景顿现，历史获得直观与复活。再配以南端武关的命名与屈原故事，将形成特别有效的历史文化境域。有雕像（秦始皇、屈原），有诗篇，有栈道实物，有诗歌山水，有秦岭林风，有历史流响——相信秦岭古道的现代图景，能够成为一个真实的历史世界，清新的山水世界和丰富的人文世界。

就当下的实际情况来看，秦岭蓝武道已经有312国道、西（安）南（京）铁路、昆明和咸阳的航空通道。唐贞元七年（791年），上洛郡刺史李西华开新道350公里。李商隐以《商於新开路》贺曰："六百商於路，崎岖古共闻。蜂房春欲暮，虎阱日初曛。路向泉间辨，人从树杪分。更谁开捷径，速拟上青云。"从现代眼光看，不要说"李西华开新道"350公里，就连312国道和西（安）南（京）铁路也算不上"速拟上青云"。真正的"速拟上青云"只能是航空道。坐在飞机上，俯视蓝田日暖和丹江如带的苍茫大地，你一定会想到秦始皇与屈原的伟大故事吧。你一定会触摸到他们历史与灵魂的高度吧。秦岭旅游发展已在考虑直升机降落计划，如果从交通方式与工具而言，秦岭蓝武道上的"速拟上青云"，也只是时间问题了。如果从历史的高度看，航空的高度无法等于心灵的高度啊。

"万物怕时间"是埃及谚语的上半句，它的下半句是："时间也怕金字塔。"就华夏历史的文明而言，秦岭就是一座中国文明的金字塔。秦岭古道，就成了通往金字塔现代境域下的朝圣路。

9 蓝武道上的"蓝桥"

《魂断蓝桥》是一部风靡全球半个多世纪的好莱坞战争体裁的爱情故事片,它之所以让人屏息凝神,不只是因为硝烟中的爱情使人沉醉、美丽中的缺憾使人扼腕,更重要的是生命中爱的永恒使人心驰神往。中国电影界未能有好莱坞《魂断蓝桥》那样凄美感人的电影,陕西蓝田县的"蓝桥"却有着与之完全可以媲美的传说。在两千年前的东汉时期,陕西蓝田县东南 25 公里处蓝溪之上坐落着一座古老的桥梁——蓝桥。

蓝桥坐落在灞河的上游。人们往往用"魂断蓝桥"来形容夫妻互为殉情。"蓝桥"一词是怎么来的呢?《庄子·杂篇·盗跖》中,记载了这样一个故事:有一个叫尾生的人,与女友相约桥下,女子没有按时赶到,大水突然冲来,尾生为了守约,抱着柱子被水淹死。对于蓝桥,今人推测:能抱柱而死的桥,可能是一座桩柱式的双跨以上的梁桥。蓝桥因尾生的故事而出名,后人称尾生为坚守信约的人。《战国策·燕策一》中说:"信如尾生,廉如伯夷,孝如曾参,三者天下之高行也。"唐诗人李白就在其诗作《长干行》里写道:"常存抱柱信,岂上望夫台"的诗句。当然,也有人嘲讽尾生以这样的方式坚守信约而不知其他者,未免迂腐。千年沧桑,蓝桥虽然荡然无存,但围绕蓝桥产生的优美传说和轶事,却千古不绝。

蓝桥位于蓝田、商洛之间,是交通要津。秦岭古道上的蓝桥,之所以伤感,原因大致是"三离三别"。其一,古代交通不便,信息不便,"慈母手中线,游子身上衣"——离别总是愁别,这是普遍性意识。其二,桥是水流与陆地的集合体。"子在川上曰,逝者如斯夫"(孔子《论语》),"杨柳岸,晓风残月"(柳永《雨霖铃》)。因之,凡名桥总洋溢着一派分离伤别意绪,这已经是历史的文化潜意识。其三,长安是千年京都,文明中心。从长安来到灞桥,离开文明中心,告别家人亲友多属无奈,总是喟叹感伤。来到灞桥,从桥过河,景观未变,地望未变,方向未变,折柳落泪,尚能忍受,人们大多想的还是生的希望——"何日君再回"。而来到蓝桥,景观

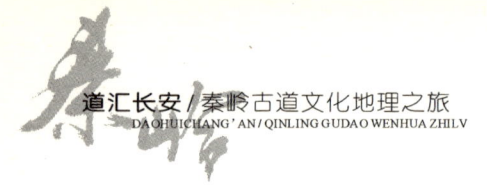

大变,地望大变,方向大变;不仅桥是"望断",山更是"望断",心情大变,"断肠人在天涯";人们已经想的是死的可能——"好收吾骨瘴江边",不要以为韩愈不坚强。再加上漫天飞雪和仕途挫伤,爱女亡于道上,云横秦岭下的韩愈够坚强的了!蓝桥,既是从京城到偏远的漂泊津渡,也是平原到高山的地望变化,面对水分南北的秦岭主脊,人生际遇的断肠感和死别感油然而生,希望、思念、爱情焕然而至,超越、激荡、升华顿然而起。这就是蓝桥有诗意的原因,这就是蓝桥有灵感的原因,是魂断蓝桥的原因,也就是蓝桥名扬天下的原因吧。

我们没有好莱坞《魂断蓝桥》那样感人的电影,但我们有同样伟大的蓝桥传说和文学。唐代许多文人学士,在经过蓝桥驿亭时常有诗作在这里"发表",蓝桥驿亭成为诗人们友谊的桥梁和交流诗作的场所。白居易和元稹,就是其中的杰出代表。元和十年(815年),元稹回朝,途经蓝桥作有《西归绝句》12首,其中一首写道:"五年江上损容颜,今日春风到武关。两纸京书临水读,小桃花树满商山。"题在蓝桥驿的诗是一首七律:"泉溜才通疑夜磬,烧烟徐暖有春泥。千层玉帐铺松盖,五出银区印虎蹄。暗落金乌山渐黑,深埋粉堠路浑迷。心如魏阙无多地,十二琼楼百里西。"(元稹《留呈梦得、子厚、致用》)唐以后蓝桥已废。今蓝田县新建的蓝桥旁,在一块河石上,有一个古桥柱孔痕迹清晰可辨。漫步在这古老的土地上,寻觅古蓝桥的遗迹,抚今追昔,不胜感慨。古代蓝桥即在今日的蓝桥乡。东西绵延的秦岭在蓝桥一带向北偏折,东北是著名的玉山,其西南是秦岭主脉。秦岭的北折让蓝桥一带山环水绕、风和气聚,甚为幽美。越过玉山,蓝桥河入灞水口是著名的水陆庵,人称小敦煌。蓝桥正面是辋川溶洞与锡水洞——20世纪80年代,在蓝田锡水洞发现了另一处蓝田人遗址。蓝桥附近古洞众多,《周易》谓之人类"野处穴居"之地,那是人类最早的家园。蓝田溪水里的横木、石头,也许还有藤条——像《阿凡达》中的情景,就是秦岭最早的蓝桥,也是中国最早的桥吧。秦岭北折造成的山环水绕,辋川溶洞的文明风光,以及水陆法会悟真寺的佛光普照,这一切形胜风水,终于让秦岭古道上的蓝桥成为华夏文明生长美与梦的地方。

10 蓝武道上的武关

　　秦岭蓝武古道又称武关道,足见武关之于古道的影响和盛名。宋元明清不论,吟咏武关的唐诗也有 20 多篇吧。秦楚大道上武关设置的历史异常久远,确切年代,难以稽考。学界一般定于春秋战国时期,"武关为春秋以来名关要道"(严耕望《蓝田武关驿道》),"武关的建置本是战国时期秦国用以防备楚国向关中的进攻的"(史念海《河山集(四)》),"武关的历史可以上溯到战国时代,它是秦楚两国相互抗衡的产物"(侯甬坚)。站在关中立场和地望上,它被叫做蓝田道、蓝关道(北端)。站在商洛立场和地望上,叫做武关道、商州道(南端)。严耕望先生《唐代交通图考》,命名为"蓝田武关驿道"。

　　武关,在今陕西丹凤县东南 45 公里处,恰当武关河畔、西界公路(西安至河南西峡县界牌)旁。自唐代以来,武关即在今武关位置上,已成为公论。关于唐代以前武关的地理位置,学术界尚有三种看法:①一直在今地;②一直在河南淅川县丹江岸边的荆紫关附近;③三国以前在荆紫关西,六朝时迁至今丹凤县的竹林关。本文从丹江流域交通史和地理形势方面考虑,认为第一种看法可取。

　　西界公路大致是在历史时期丹江通道的陆路基础上建成的。这条交通线起自咸阳或西安,向东南通往南阳盆地、随枣走廊及江汉平原等广大地区,在历史上曾体现出各种社会功用,战国、汉唐及明代后期,与东出潼关的大道具有相同的地位。武关作为扼守这条交通线的一条要隘,亦随之闻名天下(侯甬坚)。

　　武关的历史可以上溯到战国时代,它是秦楚两国相互抗衡的产物。《史记》卷六裴骃《集解》引应劭的话:"武关,秦南关,通南阳。"秦国军队和使臣曾多次从这里通过,去楚国或楚的属国。秦国向外发展的主要方向在东面和南面,除攻击他国之外,还需防备他国的攻击,所以"秦负阻于二关",东面的函谷关和南面的武关一向受秦国重视。

依据文献资料，武关的大致方位可以确定。《水经注·丹水篇》说："丹水县自商县东南流注，历少习，出武关"，北魏商县即秦商鞅食邑（商邑），秦汉旧县，故址在今丹凤县西 2.5 公的古城岭。《史记》卷四《集解》引文颖的话："武关在析西百七十里弘农界"，析也是秦汉旧县，西汉时属弘农郡，城址业已发现，在西峡县城关的莲花。丹凤县地处丹江上游商县—丹凤盆地的东端，唐以前武关的位置就应该在商—丹盆地与西峡县之间的交通道路沿线。

今西峡县西至武关河畔武关的直线距离为 176.8 里，两者间的公路里程为 232 里，古今里程的计算常有差异，文颖所说同今武关的位置还是差相仿佛。然而文献资料中也有相互出入的记载。《括地志》说商洛县至武关 90 里，盛弘之《荆州记》却说："武关西北百二十里有商城"，唐商洛县即北魏商县，两说明显不合，依据文献资料所记里数来确定古地名，出入在所难免，欲求准确的位置，自当通过其他途径加以探讨和印证（侯甬坚）。

武关胜塞

　　秦国武关建于何处？"秦武关位于何处，历来众说不一，一般都说就是今丹凤、商南两县交界处的武关。而《中国历史地图集》第二册《关中诸郡图》却标在商南县东南、紫荆关以西的丹江北侧。"（《商洛交通志》）一代历史地理大家史念海先生的看法，与《中国历史地图集》相同（《河山集（四）》）。《中国历史地图集》和史先生的看法，尚可一辨。

　　首先者，唐代几番修蓝武新路，有成功有失败，缘起背景都是经济建设，而不是军事战争；把秦武关从远离长安的旧址挪到更为接近长安的现在地址，不合时代精神。其次者，武关在"《大唐六典》天下凡二十六"的"关"中，连下关也不是，足见武关在有唐一代，基本上是"武"依稀，"关"微茫。可见，唐代不会挪秦朝武关，唐代武关即秦人武关。秦人为何设武关，史念海先生讲得非常正确："武关的建置本是战国时期秦国用以防备楚国向关中的进攻的。"（史念海《河山集（四）》）秦人设置武关的具体时间，《史记》没有明确记载，大致上在秦孝公商鞅变法强国前后。太早，陕南商洛还不是秦国领土；太晚，统一中国的强秦根本无需"防备楚国向关中的进攻"。《史记》记载：

　　甲："孝公元年，河山以东强国六，与齐威、楚宣、魏惠、燕悼、韩哀、赵成侯并。淮泗之间小国十余。楚、魏与秦接界。魏筑长城，自郑滨洛以北，有上郡。楚自汉中，南有巴、黔中。"

　　乙："秦孝公二十二年，卫鞅击魏，虏魏公子卬。封鞅为列侯，号商君。"

　　"后五月而秦孝公卒，太子立。公子虔之徒告商君欲反，发吏捕商君。商君亡至关下，欲舍客舍。客人不知其是商君也，曰："商君之法，舍人无验者坐之。"商君喟然叹曰："嗟乎，为法之敝一至此哉！"

　　丙："惠文君元年，楚、韩、赵、蜀人来朝。十四年，更为元年。二年，张仪与齐、楚大臣会啮桑。三年，韩、魏太子来朝。张仪相魏。九年，司马错伐蜀，灭之。十二年，张仪相楚。十三年，庶长章击楚于丹阳，虏其将屈丐，斩首八万；又攻楚汉中，取地六百里，置汉中郡。"

　　《中国历史地图集》和史念海先生，将秦国武关标在商南县东南、荆紫关以西的丹江北侧，即丹阳区域。上述"甲"，秦岭南坡商洛地区属于楚国。上述"丙"，丹阳地区方属于秦国。上述"乙"处于暧昧状态。综合来看，今日丹凤县的秦国武关，修筑于秦惠文王的可能性最大。秦国武

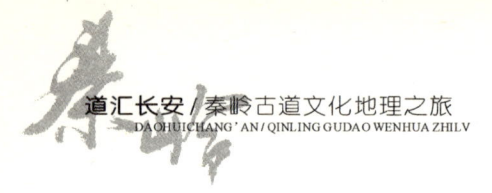
关设立的时间最早在商鞅入秦后期,有"商君亡至关下""商君之法,舍人无验者坐之"。过去学术界根据《史记》"商君亡至关下,欲舍客舍",认为这里的"至关下"即秦国武关。现在从丹凤古城楚墓的考古发掘看,《史记》"商君亡至关下",地点为今日丹凤县城(龙驹寨),即商鞅封邑城,还不是其东南50公里的秦国武关。今日武关在丹凤县武关镇,距丹凤县和商南县交界5公里路程,与今日河南省淅川县荆紫关,还有约75公里路程。陕豫交界的淅川县荆紫关,距离今日丹凤县城——秦国商鞅封邑城,是125公里的里程。丹凤古城楚墓提供的楚墓遗址,地点与商鞅封邑城重叠,年代又非常接近。因此,学界过去判断的,商鞅封邑城(武关)在淅川县荆紫关的可能性可以排除了。《史记》中《秦本纪》《楚世家》的记载是:在商鞅死后近30年,即在秦惠文王登基二十三年(前316年)"司马错伐蜀,灭之"后,又过了4年时间,才"庶长章击楚于丹阳,虏其将屈丐,斩首八万;又攻楚汉中,取地六百里,置汉中郡"。"从楚成王使子西为商公的记载可知,丹江上游在很早以前就是楚国的地盘;但从秦孝公十一年城商塞和二十年封卫鞅于商这两个事件来看,约当秦孝公之时,秦国实际上已从楚国手中夺取了对这一地区的控制权。正是由于这种领土争端,从而为秦楚两国交恶埋下了伏线"(杨亚长)。

关键正在这里:秦国掠去楚国商洛武关区域之后,在少习山西侧修筑武关。史念海先生指出:"武关的建置本是战国时期秦国用以防备楚国向关中的进攻的。"事情的原因是:①秦国掠去了商洛武关区域,当然担心楚国至少报复性的军事行动。②秦国在占据了楚国商洛武关区域之后,是继续东进用兵,还是面向西南进军蜀国?客观上,这里存在着一个重大的战略抉择问题。事实上,秦相张仪和将军司马错就这一重大的战略抉择问题,进行了激烈辩论。《战国策》中的《司马错与张仪争议于秦惠王前》就是记录写照。辩论的结果,秦惠王认同司马错的西南伐蜀。于是,秦惠文王登基二十三年(前316年),"司马错伐蜀,灭之"。"司马错伐蜀"期间,秦国最担心的,就是楚国在东南武关方向的军事报复行动。这就是武关建置的缘由和背景,也即史念海先生指出的:"秦国用以防备楚国向关中的进攻的"具体背景。

陕豫交界的淅川县荆紫关,尽管时间上晚起,其与"荆楚"的文化联系却格外深沉。陕西商州有紫荆遗址,河南淅川县有荆紫关。它们都散

发着楚国的记忆和气息。秦国将"滋水"改称"灞河",将"少习"改称"武关",洋溢霸气武功。为何未给楚国的荆紫关更换名称呢?答曰:战争结束了!战国结束了!秦国自己也结束了!荆紫关只能是楚国之关,不可能是秦国的武关。现代考古出土的楚墓遗物,漆画美女的衣饰尽为紫色。荆紫关作为楚国之关,首先是历史记忆,还应该是领土保卫,更会是审美保护吧。《史记·楚世家》:"作章华台,志小天下,嬖淫秦女,几再亡国。"想一想西楚霸王的自刎别姬,可思过半矣。审美希腊失败于罗马帝国,荆紫关的楚国同样失败于武关的秦国,皆印证了一种历史的文明原理。将秦国武关混同于楚国荆紫关,既是地理混同,也是文明混同。

唐代承平,武关战事不多,而文化璀璨,空前绝后。仅择唐诗二首,以记唐代武关文明。其一看李涉的《过武关》:"远别秦城万里游,乱山高下出商州。关门不锁寒溪水,一夜潺湲送客愁。"其二是元稹的《西归绝句》:"五年江上损容颜,今日春风到武关。两纸京书临水读,小桃花树满商山。"两诗各自四句,但把武关与长安的文明关系——出武关,一般是"寒溪送客愁"的离别愁;入武关,一般是"桃花满商山"的回京乐——庶几写完。《过武关》,一出一入,愁喜迥异,人生况味多么不同啊!战争岁月,刀光剑影,你死我活;和平年代,游山赏水,吟诗作画:武关的文明功能多么不同啊!

11 形制和历史的特殊性

波兰作家切斯拉夫·米沃什是诺贝尔文学奖获得者,有名著《米沃什词典》。中国作家韩少功有《马桥词典》,遗憾的是,他至今尚未获得诺贝尔文学奖。如果他写的是《蓝桥词典》呢,至少会更为接近文学的伟大和辉煌吧。因为《蓝桥词典》记录的蓝武道,首先就有一个伟大辉煌的历史。

秦始皇五次出巡全国,二次经行蓝田武关道。《史记·秦始皇本纪》:"(秦始皇)二十八年,………上自南郡由武关归。"睡虎地秦简《编年记》:"二十八年,今过安陆。"正是此次出巡的记录。又《史记·秦始皇本纪》:"三十七年十月癸丑,始皇出游。……十一月,行至云梦,望祀虞舜于九疑山。"也很可能经行武关道。秦始皇二次巡幸,是蓝武道作为国家驰道的荣耀和象征。

《史记·伍子胥列传》记载,伍子胥攻破楚都,"申包胥走秦告急,求救于秦。秦不许,包胥立于秦廷,昼夜哭,七日七夜不绝其声。秦哀公怜之,曰:'楚虽无道,有臣若是,可无存乎!'乃遣车五百乘救楚击吴。六月,败吴兵于稷"。"(秦昭襄王)十二年,……予楚粟五万石。"以汉代运输车辆的装载规格一车 25 石计算,"五万石"需用运车 2 000 辆。秦国霸气,却也大气。

据《史记·秦本纪》,前 299 年,秦昭王致书楚怀王,表示愿意修好,特约楚怀王至武关结盟。至武关,秦的伏兵立即将楚怀王劫持至咸阳,最后困死于秦。这是武关道上发生的一次特大事件。在楚怀王死于秦地的第二年,《史记·秦始皇本纪》记载:"(秦王政)二十三年,秦王复召王翦,强起之,使将击荆。取陈以南至平舆,虏荆王。"王翦率领 60 万秦军,是蓝武道的出兵记录,也是秦军的出兵记录。

刘邦由蓝田武关道进入关中,结束了秦王朝的统治。《史记·高祖本纪》:"沛公以为诈,乃用张良计,使郦生、陆贾往说秦将,啗以利,因袭攻

武关,破之。……乘胜,遂破之。""汉元年十月,沛公兵遂先诸侯至霸上。秦王子婴素车白马,系颈以组,封皇帝玺符节,降轵道旁。"秦皇灭楚,楚灭子婴。无论胜利和失败,秦国命运都与蓝武道相关,都构成奇迹。

唐德宗诏曰,两京道为全国第一驿道,蓝武道为全国第二驿道。迄今为止,这也是中国山区道路在国家中的最高待遇吧。"唐时在石门附近还兴起了一个石门镇,唐昭宗乾宁二年(895年),盘踞在凤翔、华州、邠州等地的藩镇李茂贞、韩建、王行瑜等擅自发兵入京师,追杀宰相、大臣,并谋劫持昭宗去凤翔。昭宗仓皇出逃,夜出启夏门,经莎城镇入南山,避难于石门镇的佛寺中。昭宗逃难的石门镇,就在蓝田县西南的这个石门汤附近。"(《西安古代交通文献汇辑》)盛唐将蓝武道作为全国第二驿道,其三百年从蓝武道运输的物资有千亿石昭。唐昭宗躲命于蓝武道,一如楚怀王逃亡于蓝武道,皆国运不祥的征兆!

周秦汉唐,长安京畿的一千年时间里,在秦岭古道中,蓝武道经历了特殊的历史风云,也决定了其特殊的形制。

1984年4月,王子今在撰写硕士学位论文《秦汉时期的陆路运输》时,对武关道进行了实地考察。考察路线为西安—蓝田—蓝关—牧护关—商县—丹凤—竹林关—商南—梳妆楼—荆紫关—淅川—西峡—武关—商南—商县—黑龙口—蓝田—西安。在蓝桥河段和流域河段,发现了两处比较集中的栈道遗迹。蓝桥河栈道遗迹,他发现于由蓝田沿蓝桥河登越秦岭,前往牧护关的行程中,栈道遗迹沿蓝桥河分布,与山区简易公路走向大体一致。

横看成岭
侧成峰

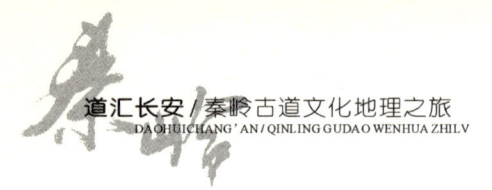
1984 年 10 月,王子今、焦南峰再次对这处栈道遗迹进行了考察。最典型的路段,是蓝桥河Ⅲ段,调查简报写道:

Ⅲ段蓝桥河北向而流,在此向东北偏折。遗迹分布地段长达 81 米。两端之间,河水落差 3.5 米,在叠峙的巨石间穿过,冲积成面积约为 200 平方米的深潭。栈道遗迹并不随水势呈急落的陡坡。在遗迹分布地段的南端,栈道底孔有一部分没入水中。北端的栈道壁孔连线竟在积潭 1984 年 4 月水面 7 米以上。整个地段分布底孔 113 个。壁孔往往在高峻的山崖上,不能一一准确察勘,已发现的有 29 个。壁孔多为长方形,亦有少量圆形壁孔。石孔的形制并不一致,似可说明栈道开通之后,又历经多次维修。值得重视的是底孔并不绝对作直线,从壁孔到最下层的底孔,有的地方纵列 7 个底孔,并依山势由上而下从一排而增加到二排。这是与栈道远山一侧更需加强强度的要求相适应的。最下层的底孔有一种特殊的排列形式,即两两并列,应这是为了使这最长而承重最大的立柱直立不偏,在道上交行重车时亦不致折毁。从遗迹分布的形式分析,当时栈道的宽度,可达 5 米左右(王子今)。

王子今教授的上述考察,是蓝武道特殊形制的直接证实,也是蓝武道伟大历史的间接证明。让我们略微看一下《蓝桥词典》的前几个词条:"朝秦暮楚""魂断蓝桥""灞桥折柳""连横合纵""项庄舞剑,意在沛公""商山四皓""河图洛书""沐猴而冠""蓝田日暖""云横秦岭"。陕西作家陈忠实仅仅写了蓝武道山外的《白鹿原》,已经获得茅盾文学奖。如果有人深入走进秦岭蓝武道,把《蓝桥词典》整理出来,将是更为斑斓瑰丽的文明大作,它一定会成为民族和国家的精神史诗。

华夏国家的形成,按著名华裔学者、美国匹茨堡大学教授许倬云的观点,是在西周时代。它以秦岭古道的开辟通行为国家基础。这一形势特点,在秦国显得更为清晰。秦惠文王时,先是将军司马错兵出西蜀,后是蜀太守李冰父子治理都江堰,完成了今日四川、重庆巴蜀地区的统一,也为后来统一西南地区奠定了基础。这便是秦岭古道中陈仓蜀道的最大历史意义和地位。在东秦岭,秦国通过蓝(田)武(关)古道,灭楚占郢,最终完成了中国东南地区的沟通和统一。"路漫漫其修远兮""左骖殪兮右刃伤",屈原《国殇》《礼魂》的伟大诗唱,中国统一即主题灵魂。其吟叹的"路漫漫",不就包含蓝武秦岭古道的刀光剑影和思想意象吗? 华

夏民族的形成,国家社稷的命运,便是秦楚蓝武古道研究的主题灵魂。杜牧《题武关》诗云:"碧溪留我武关东,一笑怀王迹自穷。郑袖妖娆酣似醉,屈原憔悴去如蓬。山墙谷堑依然在,弱吐强吞尽已空。今日圣神家四海,戍旗长卷夕阳中。""弱吐强吞",是指秦楚两国领土的鏖战争夺啊!"今日家四海",是四海一家中国的神圣统一啊!"怀王迹穷,郑袖妖娆,屈原憔悴",写的就是武关道上屈原的悲切命运啊!的确,秦楚蓝武古道乃屈原楚辞意趣的关键境域。中国历史上最显赫的帝王秦始皇和中国文化史上最伟大的诗人屈原——他们二人激荡悲切的人生命运,与秦楚大道紧密相连。

由于屈原的缺场和缄默,秦岭古道演绎了极其特殊的历史形象,以至于让蜀道垄断天下。如果说,秦始皇的铜车马和"驷驖孔阜"是蓝武道历史上特殊形制的支撑点和关键,那么,屈原哀绝的楚辞《九歌》,就是蓝武道特殊文化的支撑点和关键。今天,蓝武古道有铁路和公路直通富饶的江汉平原和中国的最大城市上海。论历史之悠久,它与人类始祖同长;论荣世之霸业,它有灞河、霸王与千古一帝的"秦皇";论文化之创造,前有屈原深沉独吟,后有李白杜甫众星闪耀。这在秦岭古道乃至全国其他古道,也该是独一无二的吧。

秦岭蓝武道,一直是长安京畿文明时代的东南大道。战国时代,它是著名的秦楚两国的争霸道路。唐德宗将之定为国家第二大道。周秦汉唐一千多年的长安京畿历史中,它是国家首都与东南江汉平原的主要通道,是国家级的东南大道。今日来看,这条国家东南大道的最远城市是香港,香港的市花是紫荆花。在秦楚大道的历史中心城市商州,有紫荆遗址的考古发掘;遗址证明,早在五千多年前的新石器时代,这里就是华夏先民生息的地方。如果说在中国的香港,紫荆花已经盛放,已经结出美丽的文明果实,那么,陕西商州则是紫荆花遥远的故乡和文明的根须。这也许意味着,曾经具有极其特殊形制和历史的秦楚蓝武古道,也应该有它光明辉煌的现代图景。

主要摄影作者

《天路》　　纪相中
《商山血脉》　东方亮